Robert Parry

TAIJI

Das Handbuch zum Erlernen der Übungen

Aus dem Englischen
von Thomas Görden

WILHELM HEYNE VERLAG
MÜNCHEN

HEYNE RATGEBER
08/5328

Umwelthinweis:
Dieses Buch wurde auf
chlor-und säurefreiem Papier gedruckt.

2. Auflage

Deutsche Erstausgabe 7/2000

Die englische Originalausgabe erschien unter dem Titel
TEACH YOURSELF TAI CHI
im Verlag Hodder and Stoughton Ltd., London

http://www.heyne.de
Printed in Germany 2001
Redaktion: Diethild Bansleben
Umschlagillustration: jump/Studio für Freizeitsport-Fotografie, Hamburg
Umschlaggestaltung: Eisele Grafik-Design, München
Satz: Schaber Satz- und Datentechnik, Wels
Druck und Bindung: Ebner Ulm

ISBN 3-453-17128-4

Für meine Lehrer und alle,
die ihr Wissen mit mir teilten.
Und für Ruby.

Inhalt

Taiji eignet sich ausgezeichnet als
vorbeugende Therapie und hilft
bei der Wiederherstellung der Gesundheit.
Im Falle einer Erkrankung
sollte aber stets medizinischer Rat
eingeholt werden.

Einleitung

Taiji hat viele Bedeutungen für die Menschen. Seine schönen, kontrollierten und doch frei fließenden Bewegungen inspirieren seit Jahrhunderten Männer und Frauen aus allen Lebensbereichen, Leute aller Altersstufen und von unterschiedlicher Gesundheit. Vitalität, Entspannung, Ruhe, gesteigerte Kreativität und die Findung eines persönlichen Lebenssinns – das sind nur einige der Gaben, die uns das Taiji-Üben schenken kann.
Als Shiatsu-Therapeut habe ich oft mit Menschen zu tun, die sich für entspannt halten, tatsächlich aber nie einen Zustand wahrer körperlicher Entspanntheit kennen gelernt haben, von geistiger Entspanntheit ganz zu schweigen. Diese Beeinträchtigung der natürlichen Selbstheilungskräfte des Körpers durch Anspannung und Stress ist wahrscheinlich eines der größten Übel unserer Zeit. Um dagegen einen Beitrag zu leisten, mag er auch noch so klein sein, wurde dieses Buch geschrieben.
Auf den folgenden Seiten werden wir uns ausschließlich mit den Gesundheits- und Entspannungsaspekten dieser uralten und doch durch und durch zeitgemäßen Kunst beschäftigen. Und wir werden Schritt für Schritt eine grundlegende Übungssequenz des Taiji im Yang-Stil kennenlernen. Falls Sie nur über eine sehr knapp bemessene Freizeit verfügen, sollte Sie das keineswegs abschrecken. Schon zehn Minuten tägliches Üben genügen, um positive Resultate zu erzielen. Und es lohnt sich wirklich. In Asien sind das Taiji und vergleichbare Übungssysteme sehr populär; sie werden maßvoll und mit Realismus praktiziert, und ich möchte Ihnen nahe legen, dies auf die gleiche Weise zu tun. Üben Sie einfach entsprechend Ihren Fähigkeiten und der Ihnen zur Verfügung stehenden Zeit – und genießen Sie es!
Obgleich es nicht möglich ist, Taiji ausschließlich mit Hilfe eines Buches zu erlernen, kann ein solches Buch doch sehr gut einen

Einstieg in die Materie vermitteln, und es steht Ihnen jederzeit als wertvolle Inspirationsquelle zur Verfügung. Außerdem ist Taiji weit mehr als eine gymnastische Übung. Viele seiner inneren Qualitäten kann man sich durchaus im »Selbststudium«, durch ständiges Üben und Beobachten erschließen. Den Zauber des Taiji ins eigene Leben Einzug halten zu lassen heißt, sich für die Kräfte und Strömungen der Natur zu öffnen, die in uns selbst und in unserer Umwelt wirken. Irgendwann muss jeder von uns diese Reise antreten. Warum nicht gleich hier und jetzt?

»Ein mächtiger Baum wächst
aus einem winzigen Samenkorn.
Ein Turm mit neun Stockwerken
wird aus einem kleinen Erdhaufen erbaut.
Eine tausend Meilen lange Reise
beginnt mit dem ersten Schritt.«

Aus dem taoistischen Klassiker TAO TE CHING
(6. Jahrhundert v. Chr.)

1 Grundlagen

Was bedeutet »Taiji«?

Der Name Taiji (oder Tai Chi) bezieht sich nicht bloß auf ein System von Körperübungen. Er entstammt der alten chinesischen Philosophie des Taoismus. »Tao« bedeutet »der Weg«, »der Pfad«. Es handelt sich um ein universelles Konzept, das bewusstes Denken und Teilnahme voraussetzt. »Qi« (oder »Chi«) lässt sich als »Lebensenergie« übersetzen, oder als »das Höchste« - eine machtvolle Lebenskraft -, während »Tai« einfach »groß« bedeutet. Taiji ist demnach ein Weg, das eigene Selbst und den eigenen, angemessenen Lebensweg zu finden. In der klassischen chinesischen Literatur, etwa dem *I Ching*, dessen Kapitel teilweise aus dem zwölften vorchristlichen Jahrhundert stammen, wird uns gesagt, dass sich die gesamte Natur in einem Zustand der Harmonie befindet - und diese Harmonie wird als das Taiji bezeichnet. Sie wird oft durch das als Taiji T'u bezeichnete Symbol dargestellt (Abb. 1).

Abb. 1
Das Symbol Taiji T'u

Man nennt es manchmal auch das »Doppelfisch-Diagramm«, weil es an zwei Fische erinnert, die gegenseitig ihre Schwänze jagen. Wir sehen einen Kreis, der in einen gleich großen hellen und dunklen Bereich unterteilt ist. Diese werden als »Yang« und »Yin« be-

zeichnet. Sicher ist Ihnen aufgefallen, dass Yang und Yin nicht durch eine gerade Linie unterteilt sind; vielmehr handelt es sich um eine graziöse Kurve, die Bewegung und das Spiel der Gegensätze andeutet. Licht (Yang) verwandelt sich in Dunkelheit (Yin), um dann wieder zu Licht zu werden. Beachten Sie auch, dass das Auge oder Samenkorn dieses Gegensatzpaares tief im jeweils anderen Sektor ruht, wodurch das innewohnende Potential für Wandel und Transformation angezeigt wird.
Auch in der Sie umgebenden Welt werden Sie weitere Beispiele für Yang und Yin finden: Tag und Nacht, Sommer und Winter, Hitze und Kälte, positive und negative elektrische Ladungen, vorrückende und sich zurückziehende Armeen oder der Aufstieg und Fall von politischen oder wirtschaftlichen Mächten. Das alles ist Taiji in Aktion. Es handelt sich um eine Weltsicht, bei der das Leben als eine Art Tanz betrachtet wird, ein Spiel der Gegensätze. Wendet man diese Gesetzmäßigkeiten auf den Bereich der körperlichen Bewegung an, gelangt man zum Taijiquan (= Tai Chi Chuan)*

Die Taiji-Form

Die in diesem Buch vorgestellten einzelnen Bewegungsabläufe werden insgesamt als eine »Form« bezeichnet. Diese Form setzt sich aus vielen Einzelbewegungen zusammen, die zu einer längeren, mehrere Minuten dauernden Sequenz verbunden werden. Diese Bewegungen werden immer in der gleichen Reihenfolge geübt, wie die Komponenten eines speziell choreographierten Tanzes. Das Wunderbare an Taiji ist, dass die meisten dieser separaten Bewegungen einen Yang- und einen Yin-Aspekt besitzen. Wenn Sie also Taiji üben, nehmen Sie aktiv am ausgleichenden Spiel der Gegensätze teil: So bringen Sie sich immer wieder neu in Harmonie zu den zyklischen Kräften der Natur. Es entsteht eine Verbundenheit

* Anmerkung des Übers.: Anstelle älterer Schreibweisen bürgert sich im Deutschen zunehmend die offizielle chinesische Pinyin-Schreibweise ein: »Taiji« statt »Tai Chi«; »Qi« statt »Chi«; »Taijiquan« statt »Tai Chi Chuan«; »Qigong« statt »Chi Gong« oder »Chi Kung«. Im weiteren Text werden diese neueren Schreibungen verwendet.

zwischen Ihrem persönlichen »Tao« und dem größeren, universellen TAO. Durch Taiji werden die Natur und unser Platz darin gefeiert und geehrt.

Die Ursprünge des Taiji

Es gibt nach wie vor viele unterschiedliche Arten von Taiji, und seine Ursprünge reichen sehr weit in eine sagenumwobene Vergangenheit zurück. Von Huang Ti, dem legendären Gelben Kaiser, heißt es beispielsweise, er hätte bereits 2700 v. Chr. besondere, die Gesundheit erhaltende Übungen angewendet, die auf der Nachahmung der Bewegungen bestimmter Tiere basierten. Das ist der früheste überlieferte Hinweis auf an Taiji erinnernde Praktiken. Doch wie die Akupunktur und viele andere Zweige der chinesischen Medizin und Selbstkultivierung nahm auch das Taiji vermutlich lange vor den ersten überlieferten schriftlichen Zeugnissen seinen Anfang. Von Huang Ti wird immerhin berichtet, dass er über hundert Jahre regierte und über hundert Frauen sein eigen nennen konnte, sodass er es zweifellos verstanden haben muss, sich bei guter Gesundheit zu halten!

Im dreizehnten Jahrhundert vereinigten sich diese Übungen dann offenbar mit den Kampfkünsten oder wurden in dieser Kombination zumindestens sehr wirkungsvoll weiterentwickelt. Kampfkünste wurden zu jener Zeit in China auf sehr hohem Niveau von Ch'an-(Zen-)buddhistischen Mönchen praktiziert. Wenn auch niemand genau weiß, wie diese Vereinigung sich letztlich vollzog, entstand aus dieser Kombination verschiedener Philosophien und Übungen jedenfalls die Praxis des Taijiquan, wie wir es heute kennen.

Trotz oder wegen dieser historischen Ungewissheiten ranken sich um den Ursprung des Taiji zahlreiche Geschichten. Eine der interessantesten handelt vom rätselhaften »Begründer« dieser Kunst, Chang Sang-feng, einem taoistischen Priester - *rätselhaft* deshalb, weil er angeblich zu unterschiedlichen Zeiten an unterschiedlichen Orten lebte, wobei die Zeitangaben zum Teil um mehrere Jahrhunderte abweichen!

Der Legende nach hatte er eines Nachts einen besonders lebhaften

RSP

Traum, in dem er einen großen Vogel - einen Kranich - und eine Schlange um ein Stück Beute kämpfen sah. Dabei schien keines der Tiere das andere besiegen zu können. Jedesmal wenn die Schlange versuchte, ihre Zähne in den Kranich zu schlagen, trat der Vogel graziös zur Seite, umhüllte die Schlange mit seinen mächtigen Schwingen und stieß sie weg. Jedesmal wenn der Kranich versuchte, die Schlange zu zertreten oder mit dem Schnabel zu durchbohren, entwand sie sich ihm und ging ihrerseits zum Gegenangriff über. Die Schönheit und Grazie dieses Wettkampfes beeindruckte Chang tief. In der folgenden Nacht hatte er wieder den gleichen Traum. Erneut schwebte der Kranich vom Himmel herab und die Schlange kroch aus der Erde, sodass der Wettstreit aufs Neue begann.
Die Yang-und-Yin-Symbolik dieser Geschichte verdeutlicht sehr anschaulich das unaufhörliche Widerstreiten der Kräfte, den ewigen Zustand dynamischen Gleichgewichts in der Natur, wie er im Bild des Taiji T'u so beispielhaft ausgedrückt wird.
Vermutlich liegt es an Geschichten wie dieser und der Verbindung zu den kämpfenden Mönchen des mittelalterlichen China, dass Taiji gemessen an den zahlreichen anderen, vergleichsweise passiven Qi erzeugenden Übungen, aus denen es ursprünglich entstand, relativ kriegerisch wirkt. Den Kampfkunst-Aspekten und der gesundheitsfördernden Wirkung des Taiji liegt aber ein gemeinsames Energiemuster zugrunde, von dem beide Bereiche gleichermaßen profitieren. Daher existieren diese zwei oft recht unterschiedlichen Anwendungen des Taiji in der modernen Welt noch immer Seite an Seite.
In diesem Buch werden wir uns mit einer Variante des Taiji beschäftigen, die erst in jüngerer Zeit entwickelt wurde. Sie wird der Yang-Stil genannt. Obgleich seine Entwicklung auf alten Taiji-Traditionen basiert, ist der Yang-Stil selbst erst im neunzehnten Jahrhundert entstanden. Sein Begründer war Lu Chang Yang (1799-1872). Sein Enkel Cheng Fu Yang unterrichtete Taiji bis ins zwanzigste Jahrhundert hinein, und einer seiner Schüler, Cheng Man Ch'ing, trug wesentlich dazu bei, Taiji im Westen populär zu machen - vor allem dank der von ihm entwickelten kurzen, achtminütigen Variante. Diese so genannte kurze Yang-Form werde ich Ihnen in diesem Buch vorstellen.

Wie lange dauert es, Taiji zu erlernen?

Ich hörte einmal, wie ein Mitschüler in einem Taiji-Kurs diese Frage stellte. Die Gegenfrage lautete: »Nun, wieviel Zeit hast du denn zur Verfügung?« Womit darauf angespielt wurde, dass dieser Lernprozess eigentlich nie endet. Dennoch war die Frage natürlich berechtigt. Wenn mein Mitschüler sie etwas anders formuliert hätte, etwa: »Wie lange wird es dauern, bis ich die Form vollständig ausführen kann und positive Resultate spüre?«, wäre die Antwort vermutlich weniger mehrdeutig ausgefallen. In jedem Fall hängt es davon ab, wie intensiv Sie sich mit der Sache zu beschäftigen bereit sind. Beim Taiji gibt es keine kurzen Wege und schnellen Resultate. Man braucht etwa sechs Monate, um die Form vollständig zu erlernen, und ein ganzes Leben, um sie zu meistern. Es ist wichtig, dass Sie während dieser Lernphase täglich ungefähr zehn Minuten üben, wobei Sie jedesmal eine neu erlernte Bewegung hinzufügen. Wenn Sie die Form dann vollständig gelernt haben, werden Sie auch *weiterhin* täglich an ihr arbeiten. Ziel sollte es sein, sich täglich mindestens 15–20 Minuten der Taiji-Praxis zu widmen, wozu auch etwas Lektüre, Meditation und Atemübungen gehören.

Morgen und Abend eignen sich am besten für das Taiji-Üben, denn dann fließen die Kräfte von Yang und Yin besonders harmonisch (Sonnenaufgang und Sonnenuntergang). Vorzugsweise sollte im Freien geübt werden, weil dort besonders viel natürliche Energie vorhanden ist. Traditionell wird Taiji unter Bäumen oder am Wasser praktiziert. Aber jeder andere Ort und jede andere Tageszeit sind natürlich besser als nichts. Je mehr Sie üben, desto schneller werden Sie lernen – so einfach ist das.

Welche positiven Resultate stellen sich ein?

Zahlreiche wissenschaftliche Studien im Westen und ebenso in China und Japan haben unabhängig voneinander und vollkommen zweifelsfrei bewiesen, dass Taiji und damit verwandte Disziplinen wie Qigong (mit dem wir uns in einem späteren Kapitel befassen

werden) eine gute Gesundheit fördern, die Heilung von Krankheiten erleichtern und das Immunsystem stärken.
Natürlich wissen wir alle, dass körperliches Training unser Wohlbefinden steigert und uns hilft, fit zu bleiben, weil es Herz und Lunge kräftigt und der Kreislauf angeregt wird. Taiji geht in seiner Wirkung jedoch noch weit darüber hinaus, da es die Gesundheit und Leistungsfähigkeit aller Organe und Körperfunktionen verbessert. Taiji übt zudem eine tiefgreifende emotionale Wirkung aus. Es bringt uns in Kontakt mit unseren körperlichen Bedürfnissen, stärkt unseren Geist, beruhigt die Emotionen und regt unsere Kreativität an. Es hilft uns, besser mit Stress fertig zu werden und müheloser Lösungen für unsere Probleme zu finden.
Natürlich braucht es seine Zeit, bis all diese Wirkungen spürbar werden. Doch hier sind einige Resultate, die sich ziemlich rasch einstellen, wenn Sie wirklich jeden Tag üben: Schon nach wenigen Wochen wird Ihr Gleichgewichtssinn sich verbessern, sodass Sie sicherer und fester auf Ihren Füßen stehen; Sie werden sich, vor allem gleich nach dem Üben, entspannter fühlen, wacher und zufriedener; Ihr Kreislauf wird stabiler werden, Ihre Gelenke beweglicher, und wenn Sie sich dem schädlichen Einfluss von Junk Food, Zigaretten und anderen Stimulanzien entziehen, wird Ihre körperliche Verfassung insgesamt sich merklich verbessern.

Die Natur des Qi

Für das Wort »Qi« gibt es viele Übersetzungen. Der Bedeutung ziemlich nahe kommt wohl die Bezeichnung »Lebenskraft« oder »Vitalenergie«. Falls Sie Yoga praktizieren, ist Ihnen gewiss der Begriff »Prana« vertraut, der indische Name für diese Energie.
Wir speichern Qi in unserem Körper. Es fließt durch die Energiebahnen, die unseren Körper durchziehen, die so genannten Meridiane. In der orientalischen Medizin wirkt man auf diese Energiebahnen ein, um so die inneren Energien auszubalancieren und die Gesundheit zu erhalten oder wiederherzustellen. Daher kann ein Akupunktur oder Shiatsu praktizierender Arzt beispielsweise den Zustand Ihrer Lunge positiv beeinflussen, indem er Ihre Körperoberfläche mit kleinen Nadeln oder durch Fingerdruck stimuliert.

Wenn wir Taiji üben, nehmen wir diese Lebensenergie nicht nur mit dem Atem auf, sondern regen außerdem den Qi-Fluss in unserem Körper an.
Der Körper ist ein wunderbares, sich selbst regulierendes System. Er nutzt die Lebensenergie, wo und wann immer er sie benötigt. Sie müssen das Qi lediglich zum Fließen bringen; um alles weitere kümmert sich der Körper von alleine. In Abbildung 2 sind die Energiebahnen an der Körperoberfläche dargestellt. Zusätzlich gibt es noch viele tieferliegende Kanäle, die diese Bahnen an der Oberfläche unterstützen.

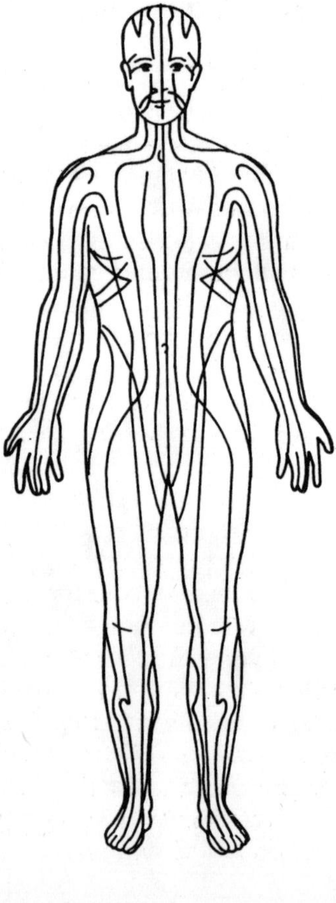

Abb. 2
Die Energiebahnen

Durch neue wissenschaftliche Untersuchungen konnte unlängst der Qi-Fluss im menschlichen Körper nachgewiesen werden, und es zeigte sich, dass er ziemlich genau mit den alten medizinischen Karten des chinesischen Akupunktursystems übereinstimmt, wie sie schon vor Jahrhunderten von brillanten Ärzten angefertigt wurden. Man hat festgestellt, dass jeder Akupunkturpunkt einen niedrigeren elektrischen Widerstand besitzt als das ihn umgebende Gewebe; und ebenso verhält es sich auch mit den Akupunkturbahnen, an denen diese Punkte sitzen - hierdurch erfährt die gesamte Grundlage der asiatischen Medizin, für die die Existenz des Qi das wichtigste Prinzip ist, eine wissenschaftliche Bestätigung.
Natürlich ist dieses Wissen in Asien seit Jahrhunderten weit verbreitet, und diejenigen von uns, die die asiatische Medizin in der therapeutischen Praxis einsetzen, benötigen auch heutzutage keine derartigen Beweise für die Existenz des körperlichen Energiesystems, denn für uns bestätigt sich sein Vorhandensein täglich aufs Neue. Aber es ist gut zu wissen, dass jeder, der sich für Taiji oder eine andere Form energetischer Körperarbeit interessiert, darauf vertrauen kann, dass er es mit sehr realen Kräften zu tun hat, die tief in unserem Körper wirksam sind und ihn ein Leben lang erhalten und nähren.
Übrigens hat die Wissenschaft auch außerhalb unseres Körpers, im elektrischen Feld der Erdatmosphäre, eine dem Qi verwandte Energie entdeckt. Es gibt in der Luft, die wir atmen, bestimmte elektrisch geladene Partikel, die so genannten positiven und negativen Ionen. Die positiven Ionen stehen mit Staub und Luftverschmutzung in Zusammenhang und treten vor allem in Städten auf, während negative Ionen dort anzutreffen sind, wo wir saubere, feuchte Luft atmen können - draußen in der freien Natur, besonders bei Sonnenschein, und am Meer. Wir alle spüren, wie ermüdend Arbeit in geschlossenen Räumen oder Verkehrsstaus sind, während frische Luft und der Aufenthalt am Meer uns erfrischt und belebt. Darum wird beim Taiji so viel Wert auf die Atmung gelegt und nach Möglichkeit draußen im Freien geübt.
Sie sehen also, dass Sie von Taiji in jeder Hinsicht profitieren können. Das folgende Kapitel bietet einen Einstieg in die eigentlichen Übungen. Wir lernen, durch die Taiji-Bewegungen in Kontakt mit unseren inneren Energien zu kommen.

2 *Auf die Sanftheit kommt es an*

Es gibt kaum etwas im Leben, bei dem wir nicht davon profitieren, es langsamer zu tun. Ganz gewiss trifft das auf Taiji zu - das Besondere an diesen Bewegungen ist gerade ihre elegante, sanfte Qualität, die an eine dahintreibende Wolke oder einen leise plätschernden Bach erinnert. Es kommt dabei entscheidend auf die Langsamkeit an - man bewegt sich so langsam wie möglich.

Wenn sie mit dem Üben beginnen, neigen die meisten Schüler jedoch dazu, sich ziemlich schnell zu bewegen, aus zwei Gründen: Zum einen sind Menschen ungeduldige Geschöpfe. Je hektischer und stressiger der Lebensstil ist, desto schwerer fällt es, sich Zeit zu lassen und etwas auf entspannte Weise zu tun.

Zum anderen neigen die meisten von uns dazu, sich recht unharmonisch und unbewusst zu bewegen. Beim Gehen lassen wir uns beispielsweise einfach in den nächsten Schritt »hineinfallen«, statt auf kontrollierte Weise einen Fuß vor den anderen zu setzen. Wenn man einfach nur so schnell wie möglich von A nach B gelangen will, mag das in Ordnung sein, aber bei den Taiji-Bewegungen geht es um etwas anderes. Wer bereit ist, etwas Zeit in das Üben zu investieren, lernt, seine Bewegungen kontrolliert und präzise auszuführen. Dadurch gelangen Körper und Geist in einen entspannten und harmonischen Zustand.

Natürlich fällt uns das am Anfang nicht so leicht. Geduld und Selbstdisziplin sind gefragt, Qualitäten, die Sie durch regelmäßiges Üben entwickeln werden. Dadurch entsteht ein neues Muster der Selbstbeherrschung, das sich auch in anderen Lebensbereichen positiv auswirkt - innere Gelöstheit und eine verbesserte Konzentration werden es Ihnen ermöglichen, Ihr Leben besser zu meistern und leichter Resultate zu erzielen.

Neben der Verbesserung des Gleichgewichtssinns und der körperlichen Standfestigkeit, auch »Verwurzelung« genannt, bewirkt die Langsamkeit der Taiji-Bewegungen außerdem, dass die Lebensenergie sich im Körper konzentriert und verstärkt, wodurch die Organe regelrecht in lebensspendendem Qi gebadet werden. Das langsame Tempo hat zudem zur Folge, dass viele Muskeln trainiert werden (beim Taiji besonders in den Beinen). So wird der Kreislauf auf gesunde Weise angeregt.

Wie schnell? Wie langsam?

Wie langsam soll man sich denn nun bewegen? Für Anfänger mag es überraschend klingen, dass es dafür keine streng festgelegten Regeln gibt. Das richtige Tempo variiert von Mensch zu Mensch und hängt davon ab, wie gut Sie sich entspannen können, und später auch von Ihrem Atemrhythmus. Und gerade dieser Rhythmus sollte niemals künstlich erzwungen werden.
Heute ist bei der in Kapitel 4 und 5 beschriebenen kurzen Yang-Form im Allgemeinen eine Dauer von etwa acht Minuten üblich. Aber selbstverständlich dürfen Sie auch schneller üben, wenn Sie möchten – und ebensogut kann, was häufig der Fall ist, langsamer geübt werden. In jüngster Zeit gab es, besonders im Westen, einen Trend, die ganze Sache stark zu verlangsamen. Wenn Menschen zum erstenmal Taiji sehen, lautet ihr spontaner Kommentar meistens: »Oh, wie langsam diese Bewegungen sind!« Wenn sie dann selbst mit dem Üben beginnen, versuchen sie, alles noch langsamer zu machen! Besonders in den sechziger Jahren, galt es als »cool«, Taiji auf eine sehr tranceartige Weise zu üben, und dieser Trend griff um sich.
Nun, es ist nichts dagegen einzuwenden, wenn Sie sich während des Taiji ruhig fühlen. Sie *sollten* sich ruhig fühlen. Aber Sie sollten auch darauf achten, sich nicht so langsam zu bewegen, dass Sie sich verspannen und ungeduldig mit sich selbst werden. Cheng Man Ch'ing – immerhin der Schöpfer jener Bewegungsfolge, die hier in diesem Buch vorgestellt wird – schrieb einmal, dass er diese Kurzform entwickelte, weil es ihm an Zeit fehlte, die lange, traditionelle Form täglich zu üben. Für seine Version, behaup-

tete er, brauche man nur vier Minuten! Und das war für ihn offenbar genau das Richtige.
In diesem Licht gesehen, ist unsere moderne achtminütige Sequenz möglicherweise ziemlich zügellos. Aber in Wahrheit spielt es überhaupt keine Rolle, wie schnell oder wie langsam Sie üben, solange Ihr Körper dabei entspannt ist und Sie den Qi-Fluss spüren. Am wichtigsten ist, *dass* Sie üben – und dass Sie es genießen.

Atem sichtbar gemacht

Atmen ist das Erste, was wir tun, wenn wir auf die Welt kommen. Und wenn wir aufhören zu sein, hören wir auch auf zu atmen. Wir können wochenlang ohne Essen auskommen, tagelang ohne Flüssigkeit, aber ohne Luft halten es die meisten von uns lediglich wenige Minuten aus. Daher ist es kein Wunder, dass die Menschen überall auf der Welt im Atem immer Essenz und Geist des Lebens gesehen haben.
Wenn wir Taiji üben, sollte der Atem zwischen den zusammenziehenden und ausdehnenden Bewegungen gleichmäßig verteilt sein. Diese Bewegungen passen sich tatsächlich sogar dem Rhythmus des Atems an: mit anderen Worten, Einsammeln und Einatmen sollten einhergehen, die Ausdehnung dann gemeinsam mit der natürlichen Ausatmung erfolgen. Das ist wichtig, weil die Kraft, sowohl die Muskelkraft als auch die Lebensenergie, sich beim Ausatmen besser bewegt. Deswegen atmen Gewichtheber während des eigentlichen Stoßens ruckartig aus, und deswegen wird beim Karate während der Schläge und Tritte laut geschrien. Das dient dazu, die Luft wirkungsvoll auszustoßen und das Qi im genau richtigen Moment in Bewegung zu versetzen. Beim Taiji bleiben wir natürlich still, sollten aber dennoch bei den nach außen gerichteten Bewegungen sanft ausatmen – zum Beispiel beim Stoßen (Seite 49) oder Drücken (Seite 48).
Zwischen diesen nach außen gerichteten Bewegungen atmen wir dann natürlich ein – zum Beispiel beim Drehen (Seite 44 und 47) oder Ziehen (Seite 54). Die meisten Teile der Yang-Form, bei denen eingeatmet wird, tragen jedoch keinen Namen. Stattdessen wird das Einatmen als Vorspiel zu den namentlich bezeichneten

Bewegungen betrachtet. Ein Einatmen bildet dementsprechend die Einleitung für das Abwehren (Seite 45), das Drücken (Seite 48) und so weiter.

Den eigenen Rhythmus finden

Mit dem folgenden Experiment und ein bisschen Kopfrechnen sollte es Ihnen gelingen, den für Sie richtigen Rhythmus und das richtige Tempo zu finden:
Nehmen Sie sich zunächst einen Moment Zeit, um sich zu entspannen. Gehen Sie ein bisschen auf und ab und probieren Sie aus, wie langsam Sie atmen können, ohne dass es sich unangenehm anfühlt oder Sie Atemnot bekommen. Wie oft atmen Sie nun - zehnmal pro Minute? Zwölfmal pro Minute? In der Taiji-Form, die Ihnen in diesem Buch gezeigt wird, gibt es genau 80 Atemzyklen. Wenn Sie für die vollständige Form acht Minuten benötigen, entspricht das zehn Atemzügen pro Minute, und Sie haben für jede der typischen Taiji-Bewegungen fünf bis sechs Sekunden Zeit. Wenn Ihnen das zu Beginn zu langsam vorkommt, ist das nicht weiter schlimm. Üben Sie einfach etwas schneller! Wenn Sie die Form in sieben Minuten absolvieren, bedeutet das zwölf Atemzüge pro Minute und vier bis fünf Sekunden für jeden Bewegungsablauf.
Egal, wie schnell Sie üben, die Hauptsache ist, dass Sie die Atemanleitungen zu den Illustrationen beachten und während der gesamten Form natürlich und sanft in gleichmäßigem Rhythmus atmen. Vor allem: *Erzwingen Sie nichts*! Finden Sie Ihre eigene Geschwindigkeit und nehmen Sie die obigen Anweisungen nicht so wörtlich, dass Sie eine Stoppuhr benutzen. Es gibt keinen Taiji-Inspekteur, der plötzlich aus dem Gebüsch springt und Ihnen eine Rüge erteilt, weil Sie fünf Minuten statt fünfzehn geübt haben. Tun Sie, was sich für Sie gut und natürlich anfühlt. Und atmen Sie niemals so langsam oder tief, dass es unangenehm wird.
Es kam einmal jemand zu mir, der gern Taiji lernen wollte. Als ich ihn fragte, ob er schon irgendein körperliches Training praktiziere, antwortete er: »Nein, aber ich gehe jeden Morgen hinaus in den Garten und atme zehn Minuten lang tief durch.«
»Wunderbar«, sagte ich, »dann sind Sie schon auf dem halben Weg zum Taiji! Sie müssen jetzt lediglich noch im Rhythmus des

Atmens ein paar Körperbewegungen hinzufügen, dann haben Sie es erreicht!«

Taiji ist *sichtbar gemachte Atmung*. Der Atem ist die Quelle und das Ziel all unserer Taiji-Übungen. Deswegen wird Taiji manchmal auch als »Bewegungsmeditation« bezeichnet. Bei allen Formen der Meditation wird durch regelmäßiges, rhythmisches Atmen der Geist beruhigt. Eine nützliche und angenehme Metapher ist es, sich das Einatmen als sonnenbezogen und das Ausatmen als mondbezogen vorzustellen. Tai Yang ist ein chinesischer Name für die Sonne (das große Licht), während Tai Yin der Mond ist (die große Dunkelheit). Diese solaren und lunaren Prinzipien werden Ihnen beim Studium des Taiji oft begegnen. Die meisten wertvollen Dinge im Leben besitzen eine mystische Dimension, und Taiji bildet hier keine Ausnahme. Zu solchen Erfahrungen gelangt man vor allem durch die Kontemplation und das Erkennen der Harmonie zwischen Yang und Yin.

»Es gibt ein Zentrum tief in uns,
wo die allumfassende Wahrheit wohnt.«

ROBERT BROWNING

Üben, üben, üben

Es ist am besten, für das tägliche Üben eine feste Zeit zu wählen, falls Ihnen das möglich ist. Besonders geeignet sind der frühe Morgen oder Abend, aber auch jede andere Tageszeit ist in Ordnung, solange Sie mindestens zehn Minuten für das Üben zur Verfügung haben. In China und anderen asiatischen Ländern kann man an jedem Morgen viele Menschen sehen, die sich draußen im Freien, besonders in den Parks, ihren Übungen widmen, zu denen fast immer auch Taiji gehört. Das ist fester Bestandteil ihres Lebens und hilft ihnen, mit den Herausforderungen des Alltags fertig zu werden. Tatsächlich betonen viele Taiji-Lehrer, wie wichtig es ist, täglich zu üben, nach Möglichkeit sogar mehrmals am Tag, doch für einen Anfänger genügt einmal täglich vollauf.

Dazu ist es gewiss nicht nötig, gleich im Morgengrauen aus den Federn zu springen. Für manche mag das ideal sein, aber wenn Sie ein komplexes Leben führen, einen Achtstundentag haben, Berufspendler sind, Essen kochen, abends noch die Kinder ins Bett bringen und die Hausarbeit erledigen müssen, werden Sie vermutlich morgens gerne noch ein Viertelstündchen länger liegen bleiben. Bedeutet das, dass Sie nicht von Taiji profitieren können? Keineswegs. Finden Sie einfach irgendwo in Ihrem Tagesablauf einen geeigneten Zeitpunkt und versuchen Sie dann, diese Übungszeit einzuhalten.

Sich optimal auf das Üben vorzubereiten ist immer eine gute Idee. Unbedingt sollten Sie weite, bequeme Kleidung und, wenn überhaupt, nur sehr leichte und elastische Schuhe tragen. Achten Sie darauf, dass Sie das Taiji innerlich ruhig und gesammelt beginnen. Nie sollten Sie abgehetzt oder mit Widerwillen üben - damit würden Sie nur Ihre Zeit verschwenden. Auch sollten Sie nie unmittelbar nach einer Mahlzeit üben, oder wenn Sie wütend oder aufgeregt sind. Wenn nötig, sollten Sie sich vor dem Üben einen Moment still hinsetzen und den Geist zur Ruhe kommen lassen. Das sind Sie sich einfach selbst schuldig.

Auch sollten Sie an einem ruhigen Ort üben: entweder in einem Zimmer, wo Sie niemand stört, oder, was am besten ist, draußen im Freien. Unter Umständen müssen Sie Ihrer Familie unmissverständlich klarmachen, dass Sie ab jetzt täglich zehn oder fünfzehn Minuten für sich allein brauchen. Diese Zeit sollte *wirklich Ihnen allein gehören* und von den anderen respektiert werden. Kinder und Haustiere können besonders unkooperativ sein, wenn jemand in ihrer Gegenwart versucht, Taiji zu üben. Es ist nicht nötig, dass Sie aus Ihren Übungen ein Geheimnis machen. Erklären Sie den anderen einfach, was Sie tun und was dafür erforderlich ist, dann wird man Ihren Wunsch, ungestört zu sein, in aller Regel akzeptieren. Und zu guter Letzt: Vergessen Sie nicht, den Telefonhörer von der Gabel zu nehmen!

Die Vorbereitung

Der eigentlichen Taiji-Form sollten stets ein paar Aufwärmübungen vorangehen, besonders bei kaltem Wetter. Dann ist die Form anschließend besonders wirksam. Zum Aufwärmen eignen sich alle Arten sanfter Gymnastik, wobei es dafür natürlich auch zahlreiche chinesische Übungen gibt, die Sie in reichem Maße kennenlernen werden, sollten Sie sich je entschließen, formellen Taiji-Unterricht zu nehmen. Entscheidend ist, dass Sie sanft und behutsam Ihre Glieder dehnen und Ihre Gelenke lockern. Übertreiben Sie es dabei aber nicht. Das Aufwärmen sollte nicht so lange dauern, dass Ihnen keine Zeit oder Energie mehr fürs eigentliche Taiji übrigbleibt! Halten Sie die Vorbereitung kurz und einfach.

Hier sind ein paar Vorschläge:

1 Stehen Sie im schulterbreiten Stand, lassen Sie die Knie etwas einsinken, entspannen Sie die Schultern und lassen Sie Ihre Arme seitlich vom Körper langsam vor- und zurückschwingen. Tun Sie das eine Weile und stellen Sie sich dann vor, dass Sie einen imaginären Ball in den Händen halten, den Sie hoch in die Luft werfen. Entspannen Sie dabei Ihre Nackenmuskeln und lassen Sie es zu, dass die Wirbelsäule sich sanft ein wenig nach hinten dehnt. Fahren Sie dann wieder mit dem Schwingen der Arme fort (Abb. 3).

Abb. 3 *Schwingen*

Abb. 4 *Drehen*

2 Stellen Sie die Füße etwas weiter als schulterbreit auseinander und drehen Sie den Körper dann aus der Taille heraus nach links und nach rechts, wobei die Arme einfach lose mitschwingen sollten, wie bei einer Stoffpuppe. Heben Sie beim seitlichen Drehen die Ferse des gegenüberliegenden Fußes leicht an. Halten Sie die Knie stets etwas gespreizt, als säßen sie auf einem ziemlich dicken Pferd. Die Knie sollten sich bei den Drehungen nicht berühren. Lassen Sie die Arme »lang« werden. Entspannen Sie Rücken, Brust, Nacken und Schultern (Abb. 4).

3 Stellen Sie sich nun wieder schulterbreit hin, strecken Sie die Arme nach vorne aus und drehen Sie langsam die Handgelenke mehrmals hin und her. Ballen Sie die Hände zu Fäusten, öffnen Sie sie mit gespreizten Fingern und schütteln Sie sie. Lockern Sie dann schüttelnd die ganzen Hände und lassen Sie das Schütteln auch die Arme erfassen, sodass Handgelenke, Ellbogen und vielleicht sogar die Schultern gelockert werden.

4 Lassen Sie nun auf ähnliche Weise die Füße kreisen (natürlich abwechselnd). Strecken Sie die Zehen vor und schütteln oder treten Sie – wobei auch hier wieder sich die Empfindung bis zu den Knien und, falls möglich, sogar bis zu den Hüften ausdehnen sollte.

5 Lassen Sie den Kopf kreisen (bitte ganz sanft), sodass sich alle Anspannung lösen kann, die Sie vielleicht in Hals und Nacken empfinden. Achten Sie darauf, dass Ihre Hände dabei nicht zu Fäusten geschlossen sind. Denken Sie daran, dass die Nerven und Blutgefäße der Arme aus Nacken und Schultern kommen, entspannen Sie also die Arme. Entspannen Sie auch die Finger. Auch die Knie sollten locker und ein wenig gebeugt sein.

6 Stellen Sie sich so breitbeinig wie möglich hin und hocken Sie sich auf den linken Fuß, sodass das andere Bein gestreckt und gedehnt wird (Abb. 5). Wechseln Sie die Seite und strecken Sie das andere Bein. Experimentieren Sie mit unterschiedlichen Arten, diese Bewegung auszuführen, sodass unterschiedliche Teile des Beines gedehnt werden.

Abb. 5 *Die Beine strecken und dehnen*

7 Lassen Sie die Arme langsam in den Schultergelenken kreisen, um die Schultern zu lockern. Lassen Sie wahlweise beide in die gleiche Richtung kreisen, oder gegenläufig, wie beim Rückenschwimmen oder beim Kraulen. Schütteln Sie danach erneut die Arme aus.

Jetzt sind Sie für das eigentliche Taiji-Üben vorbereitet.

> *»Die Theorie und Wirkungsweise der Taiji-Prinzipien lässt sich überall in der Natur beobachten.«*
>
> CHENG MAN CH'ING

3 Tipps und Empfehlungen

Worauf Sie achten sollten

Die Taiji-Form, die Sie nun kennenlernen werden, setzt sich aus zwei Teilen zusammen. Im folgenden Kapitel wird der erste Teil beschrieben, und wenn Sie über keinerlei Vorkenntnisse verfügen, sollten Sie zunächst einmal diesen ersten Teil erlernen. Viele Menschen sind mit dem Üben des ersten Teils vollauf zufrieden - einer kurzen, zweiminütigen Bewegungsfolge. Sie wiederholen diese Sequenz mehrmals hintereinander und profitieren davon gesundheitlich ebenso sehr wie jene, die die gesamte Form üben. Wenn Ihnen dieser erste Teil also genügt und Sie ihn mehrmals täglich üben, ist das völlig in Ordnung. Damit werden Sie auf dem Weg zu mehr Gesundheit und innerer Ruhe bereits einen großen Schritt nach vorn machen.
Vielleicht möchten Sie sich aber doch noch den zweiten Teil vornehmen. Auch dabei sollten Sie unbedingt jede Bewegung so lange üben, bis Sie sie wirklich beherrschen, ehe Sie zur nächsten übergehen. Denken Sie daran, dass Sie eine Perlenkette zusammensetzen, bei der eine Perle nach der anderen sorgfältig aufgereiht werden muss. Damit stellen Sie nicht nur sicher, dass Sie das Gelernte nicht wieder vergessen, sondern sind auch in der Lage, später auf bereits vertraute Bewegungen zurückgreifen zu können, was im weiteren Ablauf der Yang-Form häufig vorkommen wird. Nehmen Sie sich für das Erlernen jeder Bewegung einen Tag Zeit, dann werden Sie nach ein paar Monaten die gesamte Form beherrschen.
In diesem Stadium wird mir oft die Frage gestellt: »Kann man Taiji mit anderen Übungen oder Sportarten kombinieren?« Die Antwort ist ein klares Ja. Taiji hilft Ihnen, Ihre Fähigkeiten in jeder anderen Sportart oder Freizeitaktivität zu verbessern. Meiner Erfahrung nach ergänzt es sich besonders gut mit den sanften Dehnübungen

des Yoga, und tatsächlich gibt es sogar eine taoistische Yoga-Praxis, die dem im Westen weitverbreiteten klassischen indischen Hatha-Yoga sehr ähnlich ist. Sie brauchen also keines Ihrer anderen Hobbys aufzugeben. Solange Sie Zeit zum Üben finden, werden sich Erfolge einstellen. Eine vernünftige Ernährung, ohne »Fast Food«, wird Ihre Fortschritte spürbar erleichtern. Empfehlenswert ist auch eine unterstützende therapeutische Behandlung mit Shiatsu oder Akupunktur, die Ihrer Gesundheit und Vitalität zusätzliche wertvolle Impulse geben wird. Diese Behandlungen sollten als fester Lebensbestandteil betrachtet und nicht nur in akuten Krankheitszeiten angewendet werden.
Ehe der eigentliche Unterricht beginnt, möchte ich Sie mit einigen Prinzipien der Taiji-Bewegungen vertraut machen und Ihnen die grundlegenden Stellungen und Bewegungen vorstellen.

»Wenn du den Arm hebst,
lasse die Handfläche den Widerstand des Windes spüren,
als bewegtest du dich durch Wasser.«

CHENG MAN CH'ING

Grundhaltung

Die Schultern entspannen

Seien Sie sich stets Ihrer Schultern bewusst und entspannen Sie sie so gut wie möglich. Wenn Sie zum Beispiel die Arme anheben, sollten Sie versuchen, dabei nicht die Nackenmuskeln anzuspannen. Wenn Sie die Arme nach vorn ausstrecken, halten Sie sie dabei möglichst niedrig, damit die Schultern entspannt bleiben.

Niemals die Ellbogen oder Knie blockieren

Damit meine ich, dass Sie Arme und Beine niemals so stark strecken sollen, dass die Gelenke durchgedrückt und unbeweglich sind. So vermeiden Sie, dass die Durchblutung und das Fließen des Qi behindert und unnötige Spannungen im Körper aufgebaut werden.

Halten Sie den Körperschwerpunkt weit unten

Stellen Sie sich vor, dass Ihr Gewicht und Ihr Atem sich im Bereich Ihres Bauchnabels konzentrieren. Dort befindet sich nach chinesischer Vorstellung die Körpermitte, im Hohlraum Ihres Bauches zwischen Nabel und Wirbelsäule. Dieser Bereich wird »Dantian« (auch: Tan Tien) genannt. Achten Sie darauf, dass Ihre Knie während des gesamten Übens weich und flexibel bleiben. Stellen Sie sich vor, dass Sie sich dicht über dem Boden befinden, gut in der Erde »verwurzelt«.

Lassen Sie die Wirbelsäule frei hängen

Stellen Sie sich die ganze Zeit vor, Sie seien, wie es traditionell heißt, an einem »goldenen Faden« aufgehängt, der an Ihrem Scheitel befestigt ist. Die Wirbelsäule »hängt« daher wie ein Leitungsrohr, ist vollkommen gerade und entspannt. Um diesen Vorgang zu unterstützen, kippen Sie das Becken leicht nach vorn, sodass der Unterbauch etwas eingezogen ist, und lassen Ihr Kinn ein wenig absinken (Abb. 6). Tun Sie das ganz entspannt - ohne sich irgendwie zu versteifen oder zu verkrampfen. Auf diese Weise zu stehen - oder sich gar in dieser Haltung zu bewegen - ist eine Kunst, die kultiviert werden muss, seien Sie also geduldig mit sich; versuchen Sie einfach, beim Üben stets darauf zu achten, dann wird es schließlich ganz von selbst geschehen.

Abb. 6 *Taiji-Grundhaltung*

Die Beinstellungen

Die breite 70/30-Stellung

Der Abstand zwischen den Füßen entspricht bei fast allen Beinstellungen ungefähr der Breite Ihrer Schultern. Auch wenn ein Fuß vor den anderen gesetzt wird, ist es wichtig, stets darauf zu achten, dass beide Füße sich innerhalb der Schulterlinien befinden und nicht außerhalb davon aufgesetzt werden. Vielleicht hilft es Ihnen, wenn Sie sich vorstellen, Sie stünden auf Straßenbahnschienen (Abb. 7). Eine ziemlich kleine Straßenbahn, zugegeben, aber das Prinzip wird dadurch anschaulich. In dieser Stellung ruhen 70 Prozent Ihres Gewichtes entweder auf dem vorderen Fuß oder auf dem hinteren - daher die Bezeichnung »70/30-Stellung«. Manchmal wechselt diese Gewichtsverteilung beim Übergang von einer Bewegung zur nächsten, ohne dass die Füße sich bewegen. Die jeder Illustration beigefügten Fuß-Diagramme helfen Ihnen, die richtige Gewichtsverteilung zu finden.

Beachten Sie bitte: Außer beim Übergang von einer Stellung in die nächste soll das vordere Knie nie über die Fußspitze hinausragen (Abb. 8).

Abb. 7
Breite Stellung

Abb. 8
Knie über den Zehen

Der schmale Fersenstand

In dieser Stellung ruht der größte Teil Ihres Gewichts auf dem hinteren Fuß, was es ermöglicht, den vorderen Fuß nur mit der Ferse aufzusetzen. Bei dieser Stellung und bei dem nachfolgend beschriebenen schmalen Zehenstand befindet sich der vordere Fuß mehr oder weniger in einer Linie mit der Ferse des hinteren Fußes, wobei das Gewicht zu 90 % auf dem hinteren Fuß und zu 10 % auf dem vorderen ruht. Wenn man in den schmalen Stand geht, ist es ratsam, den hinteren Fuß etwas auf der Ferse zu drehen. Das entspricht übrigens nicht genau der Lehre Cheng Man Ch'ings, sondern richtet sich mehr nach dem traditionellen Yang-Stil, wie er vor seiner Zeit unterrichtet wurde. Für uns ist dieses leichte Drehen des Fußes aber hilfreich, weil es die Spannungen im Knie vermindert, die auftreten können, wenn ein schmaler Stand längere Zeit beibehalten wird.

Der schmale Zehenstand

Er entspricht der zuvor beschriebenen Stellung, nur sind es diesmal die Zehen des vorderen Fußes, die leichten Kontakt zum Boden haben. Die Gewichtsverteilung ist wieder 90/10 - und auch hier wird der hintere Fuß wieder etwas gedreht, um eine Verspannung des hinteren Knies zu vermeiden.

Fortbewegung

Vor jedem Schritt das Gewicht auf das tragende Bein verlagern

Da die Taiji-Schritte stets langsam ausgeführt werden, ist es wichtig, zunächst das Gewicht gut auf das so genannte tragende Bein zu verlagern - das Bein, das während des Schritts Ihr Gewicht trägt. Beugen Sie also vor dem Schritt das Knie dieses Beins und verlagern Sie Ihr Gewicht auf diese Seite. Heben Sie nun langsam den anderen Fuß und prüfen Sie, ob Sie gut ausbalanciert sind. Nur dann können Sie diesen Fuß frei anheben und ihn an der gewünschten Stelle wieder aufsetzen, sanft und kontrolliert. Ihre Bewegungen sollten niemals ruckartig oder schwankend sein.

Beim Vorwärtsschritt zuerst die Ferse aufsetzen, beim Rückwärtsschritt zuerst die Zehen aufsetzen

Dies versteht sich eigentlich von selbst. Die meisten Schritte sind nach vorn gerichtet, und dabei sollte immer zuerst die Ferse den Boden berühren. Dann kann das Knie sich leicht und natürlich beugen, was es Ihnen ermöglicht, den Rest der Fußes langsam und weich aufzusetzen. Umgekehrt sollten bei einem rückwärtigen Schritt immer die Zehen zuerst den Boden berühren.

Alle Bewegungen von der Körpermitte aus ausführen

Oft sieht es im Taiji so aus, als seien vor allem die Arme aktiv, aber in Wahrheit sind es die Beine, die Taille und der Körper, die den größten Teil der Arbeit tun. Das ist für die meisten Taiji-Techniken in hohem Maße charakteristisch. Die Bewegung beginnt in der Körpermitte, dem bereits erwähnten Dantian. Richten Sie Ihre Aufmerksamkeit auf diese Stelle und lassen Sie zu, dass Ihre Bewegungen von dort ausgehen wie Lichtstrahlen von einer Lichtquelle. Arme und Schultern sollen stets entspannt sein!

Nach dem Schritt die hintere Fußstellung korrigieren

Nach einem Vorwärtsschritt in die breite 70/30-Stellung werden Sie das Bedürfnis verspüren, den hinteren Fuß etwas auf der Ferse zu drehen, bis Sie eine angenehme Position finden, in der keine Spannung im hinteren Knie auftritt.
Bitte beachten: Wenn Sie den Fuß statt auf der Ferse auf den Zehen drehen müssen und Ihre hintere Hüfte sich blockiert und angespannt anfühlt, war der Schritt vermutlich nicht breit genug. Denken Sie an die Straßenbahnschienen: stets die Schulterlinie einhalten.

Das Knie soll sich immer genau über dem tragenden Fuß befinden

Das Knie soll über dem tragenden Fuß nicht nach innen einknicken (auf Abb. 9 sehen Sie die richtige und die falsche Kniestellung).

Wenn Ihr Knie eine starke Tendenz aufweist, seitlich einzuknicken, besteht möglicherweise ein energetisches Ungleichgewicht in den Akupunkturbahnen, die auf der Innen- bzw. Außenseite Ihres Beines entlanglaufen. Hier kann eine Shiatsu-Behandlung Abhilfe schaffen.

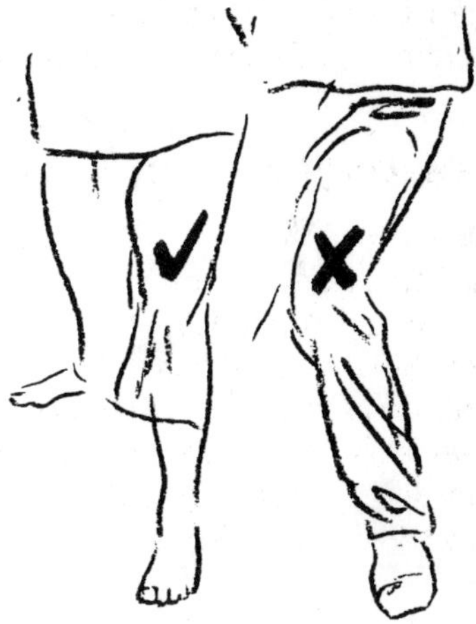

Abb. 9
Seitliches Einknicken des Knies über dem tragenden Fuß

Setzen Sie Ihre Vorstellungskraft ein

Unterstützen Sie die Taiji-Bewegungen durch den Einsatz mentaler Energie. Wenn zum Beispiel eine Hand vorgestreckt wird, lassen Sie die mentale Energie diese Bewegung begleiten - *denken* Sie sich das Vorstrecken der Hand. Oft lässt sich Taiji am leichtesten lernen, wenn man die Vorstellungskraft zu Hilfe nimmt, auch wenn die verwendeten Bilder vielleicht etwas seltsam scheinen. Die Nase des Ponys streicheln, einen Ball halten oder die Faust werfen - das mag Ihnen alles recht merkwürdig vorkommen, aber Sie werden feststellen, dass solche Vorstellungsbilder während der frühen Lernphasen sehr hilfreich sind. Mit zunehmendem Können werden Sie in der Lage sein, die Bilder aufzugeben und sich ganz auf die Schönheit der Bewegungen selbst zu konzentrieren.

Ständige Bewegung

Obgleich die Form sich aus einzelnen Elementen zusammensetzt, sollte sie als fortlaufende, fließende Bewegungsfolge geübt werden. Halten Sie nie in der Bewegung inne. Hände und Arme sollen sanft von einer Bewegung zur nächsten »schweben«, ohne Pause.

Richtungshinweise bei den Fußdiagrammen

Zu Beginn der Form stehen Sie mit dem Gesicht nach »Süden« - der in der chinesischen Volkskultur bevorzugten und als besonders glückverheißend geltenden Himmelsrichtung. Osten ist demzufolge links von Ihnen, Westen auf der rechten Seite. Natürlich ist es nicht notwendig, nun mit dem Kompaß die genaue Himmelsrichtung zu ermitteln. Wählen Sie vor dem Üben einfach einen Referenzpunkt aus, den Sie »Süden« nennen. Diese imaginären Richtungen sind sehr hilfreich, weil sie die Verständigung zwischen Lehrer und Schüler erleichtern - was Ihnen rasch klar werden wird, wenn Sie mit dem Üben beginnen.
Das wäre alles! Zugegebenermaßen ist es für den Anfang eine ganze Menge, zumal Sie vermutlich längst darauf brennen, endlich die eigentliche Form zu erlernen. Dennoch werden Sie bestimmt davon profitieren, wenn Sie zwischendurch immer wieder einmal einen Blick auf diese Seiten werfen, besonders dann, wenn Sie das Gefühl haben, beim Üben nicht recht weiterzukommen. Wenn sich beim Üben unangenehme Empfindungen einstellen, sollten Sie die hier aufgeführten Punkte überprüfen, um den Grund herauszufinden.

»Die Hände streichen aufwärts und abwärts,
in einer diagonalen Bewegung,
die an das Flügelschlagen eines tief über einem
Flussufer dahinfliegenden Vogels erinnert.«

Da Liu, das Diagonale Fliegen beschreibend

4 Die Form – Erster Teil

»Wer dem Tao folgt, kommt täglich mehr zur Ruhe.
Er wird ruhiger und ruhiger,
bis er zum Nicht-Handeln gelangt.
Durch Nicht-Handeln wird alles möglich.«

TAO TE CHING

*Die Schritt-für-Schritt-Anleitung**

Eröffnung (1–6)

1 Stellen Sie sich mit dem Gesicht nach Süden, die Füße zusammen, sodass die Zehen nach außen weisen und die Fersen dicht beieinander sind, sich aber nicht berühren. Spüren Sie einen Moment, wie der Körper sich in dieser Haltung anfühlt. Kippen Sie das Becken leicht nach vorn und entspannen Sie Schultern und Finger. Schaffen Sie Raum zwischen Oberarmen und Körper, so als hätten Sie ein großes Ei in jeder Achselhöhle. Atmen Sie sanft und beginnen Sie.
Bitte beachten: Ihre Wirbelsäule soll vertikal aufgerichtet sein, als hinge sie an einem Faden (siehe voriges Kapitel).

1
Eröffnung
Einatmen

* Anmerkung des Lektors: Wie in Kapitel 3 (s. S. 36) beschrieben, geben die Prozentzahlen bei den Abbildungen den Anteil des Körpergewichts an, der bei der Sequenz auf dem jeweiligen Fuß ruht.

2 Verlagern Sie das Gewicht auf den rechten Fuß. Heben Sie den linken Fuß und machen Sie einen Seitenschritt nach Westen, sodass der linke Fuß etwa in schulterbreitem Abstand wieder abgestellt wird und die Zehen nach Süden weisen. Drehen Sie den rechten Fuß leicht, sodass seine Zehen ebenfalls nach Süden weisen. Die Füße stehen jetzt parallel zueinander, und das Gewicht ist gleichmäßig verteilt. Das Fußdiagramm zeigt das Rechteck, auf dem Sie nun stehen sollten (durchgezogene Linie) und den Bereich, wo Sie zuvor standen (gepunktete Linie). Dieses Verfahren wird auch bei künftigen Diagrammen häufig benutzt, um Ihnen den Wechsel der Fußstellungen besser zu veranschaulichen.

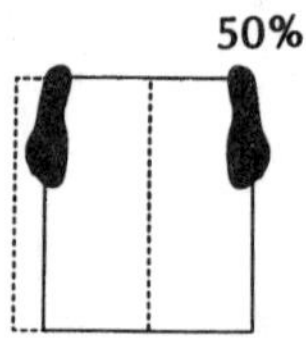

2
Eröffnung
Ausatmen

3 Lassen Sie nun, mit entspannten Handgelenken und leicht nach unten gerichteten Fingern, die Arme bis auf Brusthöhe steigen, sodass die Unterarme parallel zum Boden gehalten werden. Die Arme sollen nach oben »schweben« - aber nur so weit, wie es sich für Sie angenehm anfühlt. Die Schultern sollten sich dabei nicht bewegen - so lehrt uns Taiji, wie wir diese Körperregion nach und nach völlig entspannen können. Nacken und Schultern sind ein Bereich, in dem wir häufig zu Verspannungen und Beschwerden neigen. Entspannen Sie sie, so gut es geht!

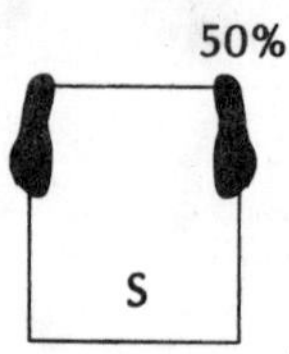

3
Eröffnung
Einatmen

4 Heben Sie mit dem Ausatmen sehr langsam Ihre Finger, bis die Fingerspitzen geradeaus nach Süden weisen. Mit dem Heben der Finger sollten die Handgelenke leicht absinken, dabei aber locker bleiben. Achten Sie auf die Beweglichkeit Ihrer Fingergelenke. Wie langsam können Sie sie bewegen, ohne dass sie zittern oder sich steif anfühlen? Je besser Sie Ihre Hände entspannen können, desto besser werden die Gelenke durchblutet.

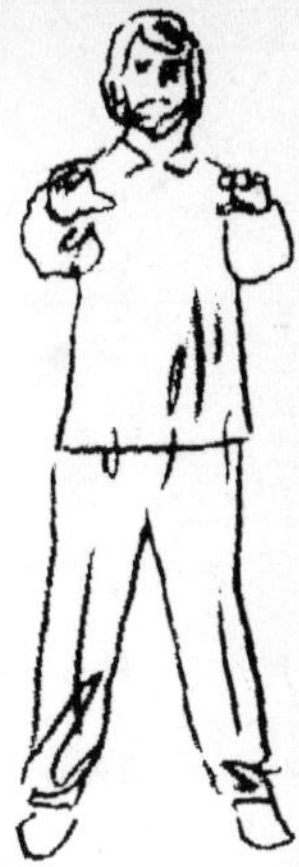

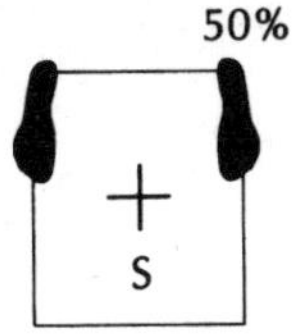

4
Eröffnung
Ausatmen

5 Ziehen Sie die Ellbogen zurück, wobei Ihre Arme nicht die Körperseiten berühren sollten. Schauen Sie sich die Illustration genau an. Beachten Sie, wieviel Raum hier zwischen den Ellbogen und dem Körper ist. Achten Sie auch auf das Raumgefühl in Ihren Schulterblättern. Beim Zurückziehen der Ellbogen soll dort im Schulterbereich keine Spannung entstehen. Ziehen Sie die Ellbogen nur so weit zurück, wie es sich für Sie angenehm anfühlt.

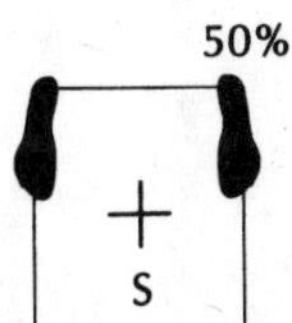

5
Eröffnung
Einatmen

6 Lassen Sie die Arme langsam seitlich des Körpers heruntersinken und senken Sie gleichzeitig den Körper etwas ab. Versuchen Sie sich vorzustellen, dass von Ihren Füßen Wurzeln hinunter in die Erde wachsen. Entspannen Sie Schultern und Finger und beugen Sie die Knie leicht. Versuchen Sie, eine Verbindung zum Boden unter Ihnen zu spüren, bewahren Sie aber gleichzeitig die Vorstellung, dass Ihr Körper an einem »goldenen Faden« aufgehängt ist, der von Ihrem Scheitel hinauf in den Himmel führt.

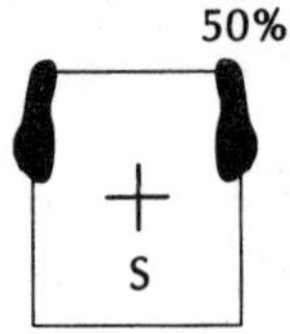

6
Eröffnung
Ausatmen

Rechtsdrehung (7–8)

7 Verlagern Sie das Gewicht auf den linken Fuß und wenden Sie Ihre Taille langsam nach Westen, indem Sie den rechten Fuß auf der Ferse drehen. Heben Sie die Ferse dabei nicht vom Boden an – dies ist kein Schritt, sondern lediglich eine Drehung. Gleichzeitig heben Sie den rechten Arm in eine fast senkrechte Position, wobei aber das Handgelenk entspannt bleibt und die Handfläche nach unten weist. Die linke Hand steigt ebenfalls – Handfläche nach oben – und formt eine »Schale« für den rechten Ellbogen. Der Ausdruck »eine Schale für den Ellbogen formen« sollte nicht zu wörtlich genommen werden. Zwischen der nach oben zeigenden Hand und dem Ellbogen ist viel Platz, und die Hand befindet sich auch nicht wirklich unterhalb des Ellbogens. Stellen Sie sich vor, dass Sie einen großen Ball halten, und lassen Sie die Bewegungen von Taille und Armen harmonisch zusammenfließen.

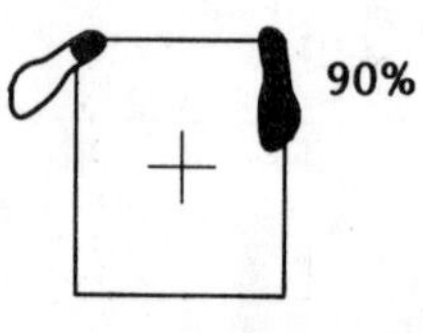

7
Rechtsdrehung
Einatmen

8 Setzen Sie nun den rechten Fuß auf und verlagern Sie das Gewicht ganz auf ihn, sodass sich, wenn Sie nach unten schauen, Ihr Knie genau über den Zehen befindet. Ihre rechte Hand befindet sich ungefähr auf Kinnhöhe, Ihr Blick soll über diese Hand hinweg auf einen fernen Horizont gerichtet sein. Versuchen Sie, zwischen Ihren Händen den Ball zu spüren, die Qi-Verbindung. Halten Sie den Rücken aufrecht.
Bitte beachten: Wenn Sie diese Bewegung lernen, werden Sie sich anfangs auf Hände und Füße getrennt konzentrieren müssen, doch schon nach kurzer Zeit beginnt die Bewegung wie von selbst zu fließen. Üben Sie, bis der ganze Körper sich gut koordiniert anfühlt.

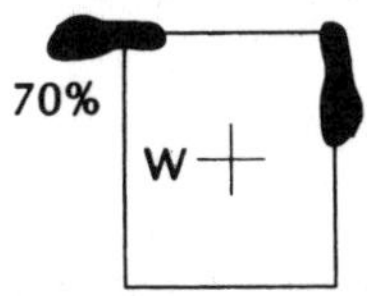

8
Rechtsdrehung
Ausatmen

Abwehr nach links (9–10)

9 Hier kommt der erste Schritt in eine breite 70/30-Stellung. Verlagern Sie das Gewicht auf den rechten Fuß und bereiten Sie einen Schritt mit dem linken Bein vor, indem Sie die linke Ferse anheben. Öffnen Sie die rechte Hand leicht, sodass sie nach Süden zeigt, in die Richtung, in die der Schritt erfolgt. Bewahren Sie dabei ein Gefühl, dass die beiden Hände weiter miteinander in Verbindung stehen. Auch wenn Sie den Ball nun losgelassen haben, sollten Sie sich vorstellen, dass weiterhin eine geheimnisvolle Anziehung zwischen ihm und Ihren Händen besteht.

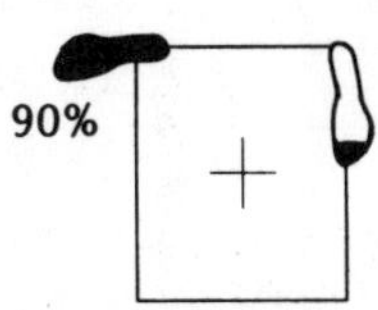

9
Abwehr nach links
Einatmen

10 Machen Sie mit dem linken Fuß einen Schritt nach Süden, wobei Sie die Ferse aufsetzen und das Knie beugen. Heben Sie gleichzeitig den linken Arm in horizontale Stellung vor Ihre Brust, mit der Handfläche nach innen, und lassen Sie den rechten Arm seitlich am Körper herabsinken. Die beiden Hände »streichen«, während sie hinauf- bzw. hinuntergleiten, sanft aneinander vorbei, ohne sich zu berühren. Kopf, Becken und Schultern sollten nun nach Süden gerichtet, der Körper nicht in sich verdreht sein. Ist das nicht der Fall und fühlen Sie sich irgendwie verspannt oder verdreht, schauen Sie im dritten Kapitel nach, was nicht stimmt, und versuchen Sie es erneut.

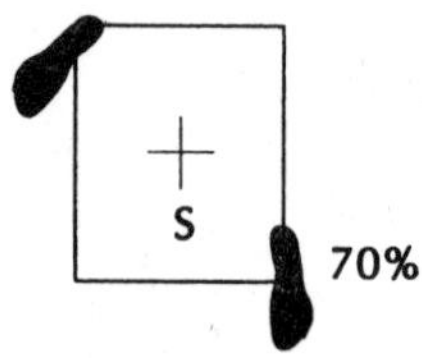

10
Abwehr nach links
Ausatmen

Den Vogel beim Schwanz fassen (11–12)

11 Verlagern Sie Ihr Gewicht auf den linken Fuß und heben Sie die rechte Ferse an. Gleichzeitig wenden Sie Ihre Körpermitte etwas nach links, wobei die rechte Hand vor den Unterbauch genommen wird, so als würden Sie damit »einen Ball aufheben«. Die Handfläche der linken Hand dreht sich nach unten, sodass Sie diesen Ball – er soll ungefähr die Größe eines Wasserballs haben – zwischen den Händen halten.

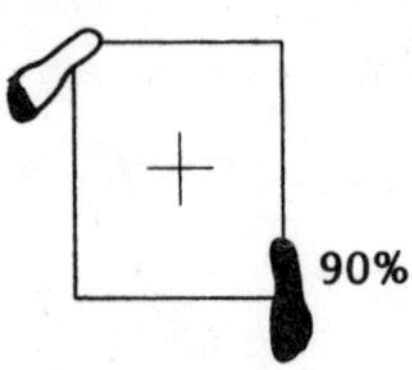

11
Den Vogel beim Schwanz fassen
Einatmen

12 Drehen Sie sich in der Taille und machen Sie mit dem rechten Fuß einen Schritt nach Westen. Beugen Sie das rechte Knie und verlagern Sie 70 % Ihres Gewichts nach vorne. Tragen Sie den Ball vor sich, stellen Sie sich aber vor, dass er kleiner wird, sodass Ihre rechte Hand nach oben wandert und der Arm etwas nach oben und zur Seite weist. Gleichzeitig zeigen die Finger der linken Hand auf Ihre rechte Handfläche. Bringen Sie abschließend den linken Fuß in eine angenehme Position, indem Sie ihn etwas auf der Ferse drehen. Kopf, Hüften und Schultern sind nun nach Westen gerichtet, und das rechte Knie befindet sich über den Zehen des rechten Fußes. Strecken Sie die Arme nicht zu sehr. Die Arme sollen gerundet sein, wie bei einer leichten Umarmung.

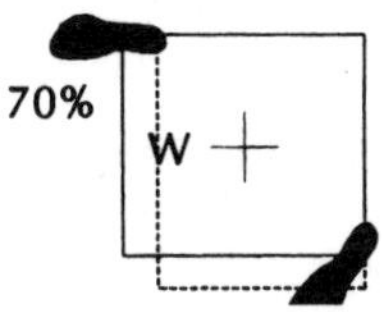

12
Den Vogel beim Schwanz fassen
Ausatmen

Zurückdrehen (13)

13 Der Name dieser Bewegung ist sehr anschaulich. Sie vollführen mit Ihren Händen eine Drehbewegung, sodass für einen Moment die linke Handfläche nach oben zeigt, die rechte nach unten. Dann verlagern Sie, ohne die Füße zu bewegen oder die Zehen anzuheben, das Gewicht zurück auf das linke Bein. Gleichzeitig soll die linke Hand eine »Schale« unter dem rechten Ellbogen formen – ähnlich wie zuvor bei der Rechtsdrehung, nur dass jetzt die Finger der rechten Hand nach oben zeigen und die rechte Handfläche nach Süden zeigt. Während dieser Bewegung drehen Sie Ihre Körpermitte ganz leicht nach rechts.

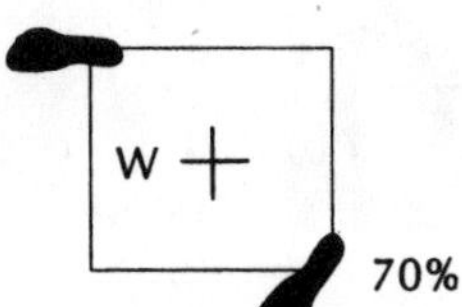

13
Zurückdrehen
Einatmen

Drücken (14–15)

14 Ohne die Füße zu bewegen, drehen Sie die Taille entgegen dem Uhrzeigersinn nach Süden. Öffnen Sie die linke Schulter und führen Sie den linken Arm in einer Kreisbewegung nach hinten, wobei die linke Handfläche nach oben weist. Bringen Sie gleichzeitig Ihren rechten Unterarm in eine fast horizontale Position vor der Körpermitte, mit nach unten gerichteter Handfläche. Entwickeln Sie ein Gefühl dafür, dass die Hände sich gemeinsam bewegen, obgleich Sie nun ein ziemliches Stück voneinander entfernt sind, wobei die Bewegung sich aus der Körpermitte entwickelt.

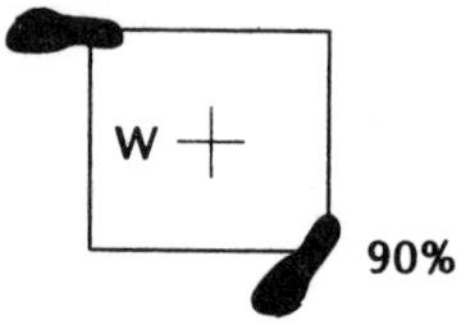

14
Drücken
Das Einatmen beenden

15 Wenn Sie mit dem Ausatmen beginnen, verlagern Sie das Gewicht wieder auf den rechten Fuß. Bringen Sie die linke Hand nach vorn vor die Brust, während die Taille sich zurück in Richtung Westen dreht. Halten Sie nun die Handflächen in Brusthöhe gegeneinander, wobei sie sich aber nur ganz leicht berühren sollten. Sie schauen nun auf die Handfläche Ihrer rechten Hand und auf den Handrücken Ihrer linken Hand. Hüften und Schultern sind nach Westen gerichtet, das rechte Knie befindet sich über den Zehen des rechten Fußes.

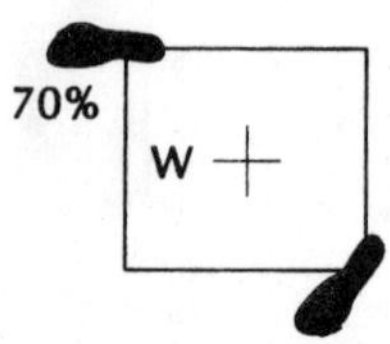

15
Drücken
Ausatmen

Die Hände trennen und stoßen (16–17)

16 Auch diese Bewegung hat wieder einen sehr anschaulichen Namen. Trennen Sie die Hände, indem Sie eine kleine Schwimmbewegung vor der Brust ausführen, die Handflächen nach unten, und verlagern Sie das Gewicht wieder auf das hintere Bein. Führen Sie diesen Bewegungsablauf langsam aus, wobei Sie beim Trennen der Hände den rechten Daumen unter der linken Handfläche entlangführen. Stellen Sie sich dann die Lungen-Energie in Ihrer Brust vor, während Sie einatmen. Die Ellbogen sollten nicht am Oberkörper anliegen, sondern frei schweben, damit Sie Platz zum Atmen haben.

16
Die Hände trennen und stoßen
Einatmen

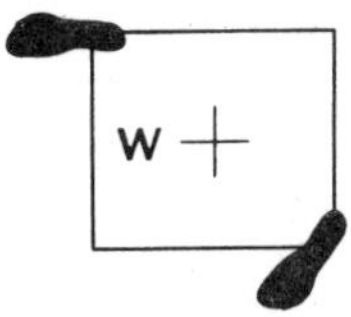

17 Verlagern Sie das Gewicht wieder nach vorne, rechtes Knie über den rechten Zehen, und drehen Sie die Handflächen in Brusthöhe nach vorn, sodass das Gefühl einer stoßenden Kraft entsteht. Dabei ist es nicht nötig, mit den Armen tatsächlich nach vorn zu drücken. Es genügt, die Handflächen nach vorn zu drehen und die Arme ein klein wenig vorzuschieben. Die restliche Wirkung kommt durch die Vorwärtsbewegung Ihres Körpers zustande, die durch das Beugen des rechten Knies und die Gewichtsverlagerung entsteht. Achten Sie aber darauf, dass Sie sich nicht vorbeugen. Der Rücken bleibt aufrecht.

17
Die Hände trennen und stoßen
Ausatmen

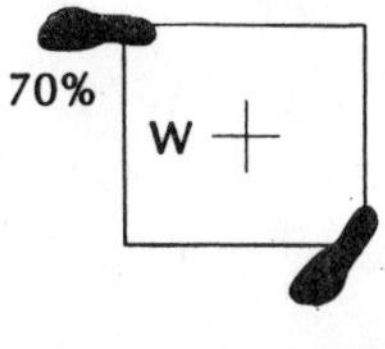

Einfache Peitsche (18–23)

18 Nun folgt eine der komplizierteren Taiji-Bewegungen. Verlagern Sie das Gewicht wieder auf das hintere Bein und drehen Sie die Handflächen nach unten. Wenn Sie Ihre Arme lassen, wo sie sind, werden sie scheinbar länger werden, als Folge der Gewichtsverlagerung nach hinten, wie sie auf der Abbildung zu sehen ist. Strecken Sie die Ellbogen nicht durch. Die Arme sind gerade, aber nicht steif. Und auch die Knie sollen natürlich entspannt bleiben.

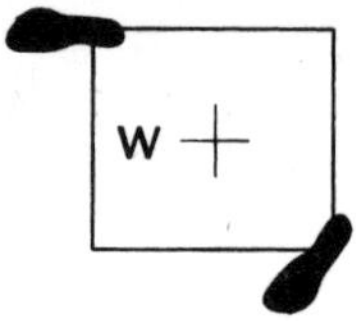

18
Einfache Peitsche
Einatmen

19 Mit dem größten Teil des Körpergewichtes auf dem linken Fuß bewegen Sie die Taille entgegen dem Uhrzeigersinn und drehen dabei den rechten Fuß langsam auf der Ferse. Ihre Arme werden der Bewegung ganz natürlich folgen, sodass Ihre Finger nun nach Südosten weisen und Ihre Fußspitzen leicht nach innen gedreht sind. Das mag sich im ersten Moment etwas unangenehm anfühlen. Vielleicht spüren Sie das Bedürfnis, Ihre Fußsohlen zu krümmen, oder die Knie fühlen sich angespannt an. Da Sie aber schon bald einen Schritt nach Osten machen werden (siehe Position 23), ist es eine gute Idee, Ihren rechten Fuß jetzt so weit wie möglich herumzudrehen, um sich auf diese Bewegung vorzubereiten.

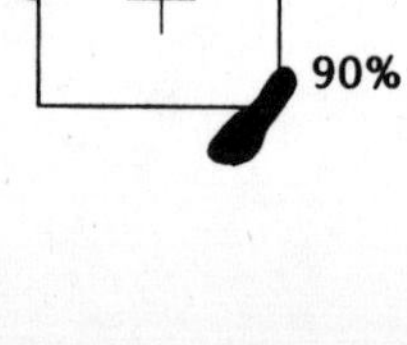

19
Einfache Peitsche
Ausatmen

20 Verlagern Sie als nächstes den größten Teil Ihres Gewichts auf den rechten Fuß und lassen Sie Ihre Taille sich wieder etwas im Uhrzeigersinn drehen. Führen Sie den rechten Ellbogen vor die Brust und formen Sie mit der rechten Hand einen so genannten Kranichschnabel. Dies geschieht, indem Sie das Handgelenk sinken lassen und die Finger an den Daumen anlegen - meistens berühren sich nur Zeigefinger und Daumen, als hielten Sie eine Prise Salz. Das Handgelenk entspannt sich, sodass die Hand hakenförmig wird. Gleichzeitig führen Sie die linke Hand mit der Handfläche nach oben hinunter zur rechten Hüfte. Stellen Sie sich vor, Sie würden einen großen Luftballon verkehrt herum halten. Die Finger der rechten Hand halten den Knoten des Ballons, während die linke Hand ihn von unten stützt.

20
Einfache Peitsche
Einatmen

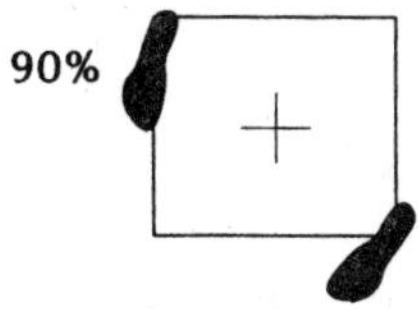

21 Drehen Sie sich nun auf der linken Fußspitze, während Sie Ihren Kranichschnabel gleichzeitig nach Südwesten strecken. Der rechte Arm wird dabei fast gestreckt, aber nicht zu weit; der Arm soll entspannt bleiben. Denken Sie daran, dass Ellbogen und Knie stets locker bleiben sollen.
Bitte beachten: Obwohl der rechte Arm nach außen geführt wird, kommt die Bewegung vor allem aus der Taille, die sich etwas entgegen dem Uhrzeigersinn dreht. Diese Bewegung wiederum wird geführt oder begleitet durch die Drehung auf der linken Fußspitze. Beim Taiji sind alle Teile des Körpers miteinander verbunden.

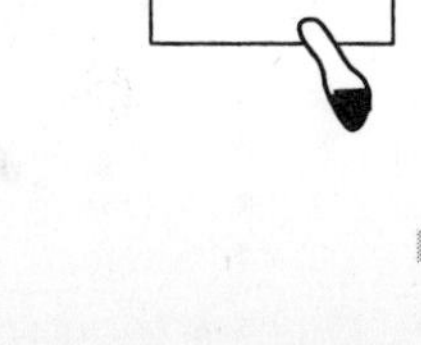

21
Einfache Peitsche
Ausatmen

22 Verlagern Sie Ihr Gewicht komplett auf den rechten Fuß und lösen Sie den linken Fuß vom Boden. Sie werden nun einen Schritt nach Osten machen und sollten die linke Fußspitze vorbereitend leicht nach innen drehen. Heben Sie langsam die linke Hand und schauen Sie auf die linke Handfläche, während Sie sie hinauf in Brusthöhe führen. Nun folgt ein großer Schritt. Sie sollten also vorher darauf achten, dass Sie sicher auf dem rechten Bein stehen. Denken Sie daran, dass Sie viel Zeit haben – Sie selbst bestimmen, in welcher Geschwindigkeit Sie die Bewegung ausführen.

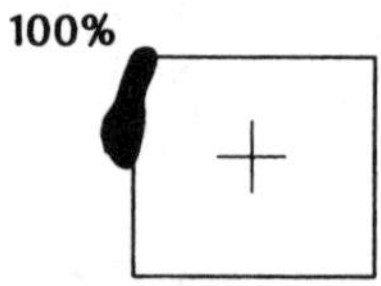

22
Einfache Peitsche
Einatmen

23 Machen Sie nun den Schritt nach Osten. Die Bewegung sollte von der linken Hüfte aus gesteuert werden – eine Drehung und leichte Vorwärtsbewegung, sodass Sie die Ferse an der entfernten Ecke eines neuen Rechtecks aufsetzen können und nun mit dem Gesicht nach Osten schauen. Blicken Sie dabei auf Ihre linke Handfläche. Bewegen Sie die Hand dann in einer spiralförmigen Drehung nach vorne und außen, sodass der linke Ellbogen sich ungefähr über dem linken Knie befindet und die Finger nach Osten ausgestreckt sind. Auch Hüften und Schultern sollten jetzt nach Osten gewandt sein, mit dem linken Knie über der linken Fußspitze. Die Füße befinden sich auf Schulterlinie – erinnern Sie sich noch an die Straßenbahngleise?

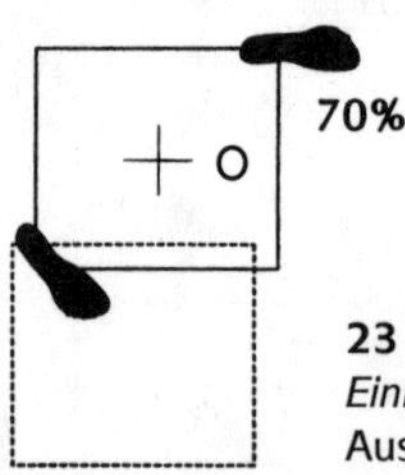

23
Einfache Peitsche
Ausatmen

Gitarre spielen (24–25)

24 Nun folgt der erste schmale Stand dieser Form. Denken Sie daran, dass es für einen schmalen Stand hilfreich ist, den hinteren Fuß in eine passende Stellung zu bringen, ehe Sie den Schritt machen. Dies würde schwierig, wenn erst einmal das Körpergewicht auf ihm ruht. Drehen Sie den hinteren Fuß also jetzt etwas auf der Ferse – nicht zu weit, nur so, dass Sie Ihr Knie nicht verspannen müssen. Heben Sie dann die rechte Ferse an und drehen Sie den rechten Fuß etwas auf den Zehen, bereit, ihn zu bewegen. Öffnen Sie die Arme ein wenig, wie ein Vogel, der sich anschickt, seine Flügel auszubreiten – und gleichzeitig dreht sich der Körper nach Süden und das Gewicht wird auf das linke Bein verlagert.

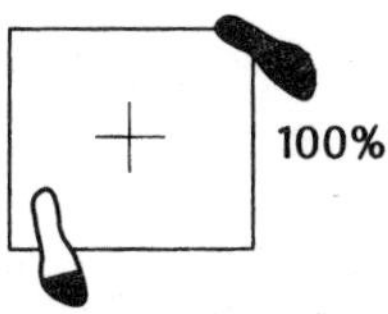

24
Gitarre spielen
Einatmen

25 Gehen Sie in den schmalen Stand, indem Sie die rechte Ferse etwas nach links schieben. Die Fußspitze ist angehoben und weist nach Süden. Die Arme werden gleichzeitig vor die Körpermitte genommen, um die typische »Gitarrenspiel-Form« einzunehmen. In diesem Fall heißt das: Der rechte Arm ist etwa in Brusthöhe nach vorn ausgestreckt, mit der Handfläche nach Osten, und der linke Arm befindet sich etwas näher am Körper und seine Handfläche zeigt auf den rechten Unterarm. Die Hände sind dabei geöffnet, als würden Sie einen dicken Stock halten. Mit anderen Worten, versuchen Sie, das Qi zwischen Ihren Armen zu spüren!

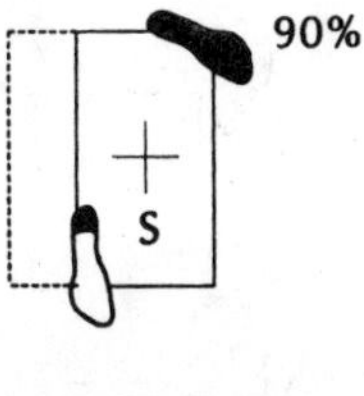

25
Gitarre spielen
Ausatmen

Ziehen und Schulterschritt (26–27)

26 Ziehen Sie Ihren rechten Fuß, bei dem nur die Zehen den Boden berühren, näher zum linken heran. Senken Sie gleichzeitig die Arme, sodass der rechte Arm fast senkrecht vor der Körpermitte hängt. Bewahren Sie dabei die Vorstellung einer Qi-Verbindung zwischen Ihren Armen und Händen, sodass sie sich in Beziehung zueinander bewegen. Dieser Stand hat sehr viel Yin, und bei praktisch keinem anderen Teil der Form kommen die Füße so dicht zueinander.

26
Ziehen und Schulterschritt
Einatmen

27 Machen Sie nun einen weiten Schritt mit der rechten Ferse. Beim Aufsetzen des Fußes zeigen die Zehen nach Süden. Beugen Sie das rechte Knie. Wenn Sie möchten, können Sie den hinteren Fuß etwas weiter nach Südosten drehen. Sie werden merken, dass der rechte Arm ungefähr in der gleichen Position bleibt wie zuvor beim Ziehen, aber der Körper dreht sich leicht, wobei die Außenseite der rechten Schulter die Führung übernimmt – etwa so, als wollten Sie eine Tür eindrücken. Unterdessen steigt die linke Hand bis in Höhe der unteren Rippen, wobei die Handfläche nach vorne unten weist. Obgleich es sich um einen breiten Stand handelt, sind Hüften und Schultern nicht zum vorderen Bein hingewendet, sondern nach Südosten ausgerichtet.

27
Ziehen und Schulterschritt
Ausatmen

Der Kranich breitet seine Schwingen aus (28–29)

28 Es folgt ein weiterer schmaler Stand, und darum sollten Sie auch jetzt den Fuß, der belastet werden soll, etwas drehen. Diesmal ist es der rechte Fuß, auf den das Gewicht verlagert wird. Drehen Sie die Körpermitte nach Osten und ziehen Sie den unbelasteten linken Fuß herüber in einen schmalen Zehenstand. Gleichzeitig heben Sie den rechten Arm wie einen großen Flügel. Die Handfläche zeigt nach vorne und etwas nach oben, als wollten Sie salutieren.

28
Der Kranich breitet seine Schwingen aus
Einatmen

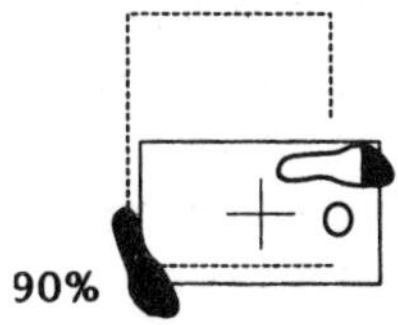

29 Senken Sie den rechten Arm, bis die untere Handkante sich etwa auf Hüfthöhe befindet. Gleichzeitig beschreiben Sie mit der linken Hand vor dem Körper einen vertikalen Kreis im Uhrzeigersinn. Die ganze Bewegung ähnelt dem eleganten Flügelschlag riesiger Schwingen, wie ein großer Vogel, der sein Gefieder in der Sonne trocknet. Kopf, Hüften und Schultern sind nach Osten gerichtet. Und das war's! Es mag etwas seltsam erscheinen, dass die Bewegung hier endet, aber der Übergang zur nächsten Sequenz verläuft hier ganz besonders fließend.

29
Der Kranich breitet seine Schwingen aus
Ausatmen

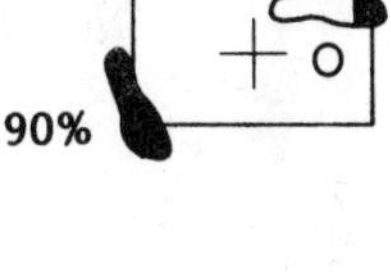

Streichen übers linke Knie und stoßen (30–31)

30 Drehen Sie Ihre Taille im Uhrzeigersinn, fast genau nach Süden, und beschreiben Sie gleichzeitig mit Ihrer rechten Hand in Brusthöhe einen rückwärtigen Kreis. Dies ist eine Fortsetzung der weiten Kreisbewegungen des Kranichs. Gewissermaßen haben Sie noch immer Flügel. Die Handfläche sollte zu Beginn dieser Bewegung nach oben zeigen, so als hielten Sie eine Sahnetorte wurfbereit. Auch wenn das ziemlich komisch klingt, lässt sich auf diese Weise die Stellung der Hand treffend beschreiben.

90%

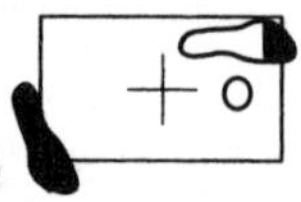

30
Streichen übers linke Knie und stoßen
Einatmen

31 Nun werden Sie mit dem linken Fuß einen Schritt machen. Er befindet sich ohnehin bereits vorne. Es ist also nur noch ein kleiner Seitenschritt erforderlich. Die Kreisbewegung im Uhrzeigersinn, die Sie mit der linken Hand ausgeführt haben, setzt sich fort, sodass die Hand in nördlicher Richtung über das linke Knie »streicht«, wobei der Abstand zwischen Hand und Oberschenkel mindestens fünfzehn Zentimeter betragen sollte. Und genau während dieses »Streichens« machen Sie den Schritt mit der linken Ferse. Dann wird die rechte Hand nach vorn geführt, an Ihrem Ohr vorbei, um schließlich in Brusthöhe nach Osten zu stoßen.

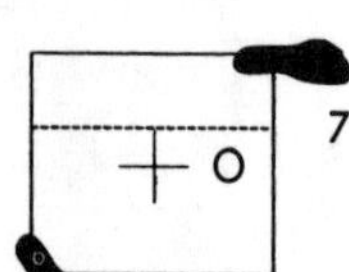

70%

31
Streichen übers linke Knie und stoßen
Ausatmen

Gitarre spielen (linke Seite) (32–33)

32 Verlagern Sie Ihr Gewicht auf den linken Fuß und lassen Sie den hinteren Fuß der Bewegung folgen, indem er sich vom Boden löst und ein Stück nach vorn wandert. Dies ist das erste Mal, dass einer Ihrer Füße für eine gewisse Zeit frei in der Luft schwebt - nur für eine Sekunde, vielleicht, aber es ist ein guter Test dafür, wie es inzwischen um Ihren Gleichgewichtssinn bestellt ist. Während Ihr rechter Fuß in der Luft ist, sollten Sie seine Zehen etwas nach außen drehen, was sich positiv auf Hüftgelenk und Knöchel auswirkt.

32
Gitarre spielen
(linke Seite)
Einatmen

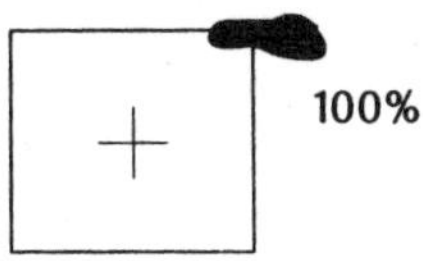

33 Nun werden Sie das Gitarrespielen wiederholen, aber diesmal zur anderen Seite, sodass jetzt die *linke* Ferse den Boden berührt, und der *linke* Arm weiter nach vorn ausgestreckt wird als der rechte. Setzen Sie den rechten Fuß ab und verlagern Sie das Gewicht nach hinten aufs rechte Bein, wobei der Körper eine leichte Schaukelbewegung in westlicher Richtung machen sollte. Ziehen Sie dann Ihren linken Fuß in einen schmalen Fersenstand, mit nach Osten gerichteter Fußspitze, und bilden Sie mit Ihren Armen die Gitarrenspiel-Form: Der linke Arm führt, und die Handfläche der rechten Hand ist dem linken Unterarm zugewendet.

32
Gitarre spielen
(rechte Seite)
Ausatmen

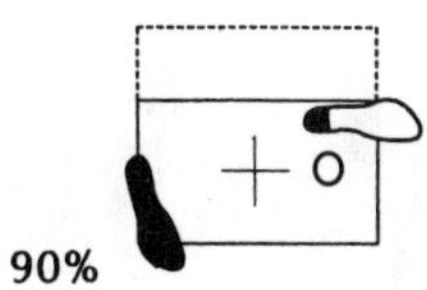

Streichen übers linke Knie und stoßen

Als nächstes folgt erstmals die Wiederholung einer Bewegung, die Sie bereits kennen. Wiederholen Sie die Sequenz *Streichen übers linke Knie und stoßen*, also Position 30 und 31, mit dem einzigen Unterschied, dass Sie dieses Mal mit einem linken Fersenstand beginnen anstelle eines linken Zehenstandes, wie er sich aus Position 29 ergab (*Der Kranich breitet seine Schwingen aus*). Vergessen Sie nicht, bei der rückwärtigen Kreisbewegung der Hand Ihre Taille südwärts zu drehen. Machen Sie dann einen breiten Schritt, »streichen« Sie am linken Knie vorbei und stoßen Sie mit der rechten Handfläche, wobei wie zuvor Kopf, Hüften und Schultern nach Osten gerichtet sind und das linke Knie sich über der linken Fußspitze befindet. Falls Sie unsicher sind, können Sie in der Überblicks-Illustration (Seite 146–153) nachschauen, wo Sie eine Miniatur-Wiedergabe der ganzen Form finden.

»Achte stets auf die Körpermitte!«

Klassische Taiji-Regel

Vorwärtsschritt, parieren und schlagen (34–37)

34 Es folgt eine nach Osten gerichtete Vorwärtsschritt-Sequenz. Hierzu sind drei aufeinander folgende Fußbewegungen notwendig. Manchen Schülern hilft es, anfangs laut mitzuzählen. Verlagern Sie zunächst Ihr Gewicht wieder nach hinten und drehen Sie die linke Fußspitze nach außen. Senken Sie beide Arme nach links und machen Sie mit der rechten Hand eine lockere Faust. Setzen Sie den linken Fuß auf, und wenn Sie das hilfreich finden, können Sie jetzt laut »Eins« zählen.

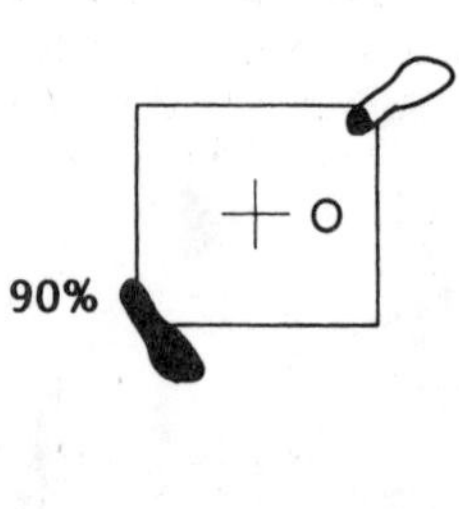

34
Vorwärtsschritt, parieren und schlagen
Einatmen

35 Wenn das Gewicht auf dem linken Fuß ruht, machen Sie mit dem rechten Fuß einen Schritt vorwärts und setzen ihn in einem ziemlich starken Winkel auf, sodass er fast nach Süden zeigt. Beugen Sie das rechte Knie und verlagern Sie das Gewicht nach vorn. Ziehen Sie gleichzeitig die Faust über die rechte Hüfte, mit der Innenseite schräg nach oben, bereit für den »Schlag«. Wenn Sie wollen, zählen Sie jetzt laut »Zwei«.
Bitte beachten: An dieser Stelle ist die Versuchung groß, den Bewegungsablauf zu beschleunigen. Tun Sie das nicht. Bleiben Sie in Verbindung mit Ihrer Atmung und achten Sie darauf, dass die Bewegungen fließend und sanft bleiben. Versuchen Sie, während der gesamten Schrittfolge den Körperschwerpunkt tief zu halten – wie eine Katze.

35
Vorwärtsschritt, parieren und schlagen
Ausatmen

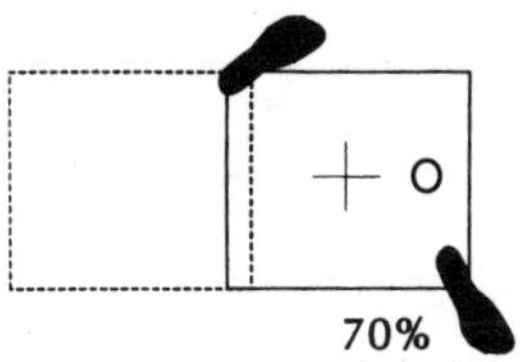

36 Heben Sie als nächstes den linken Fuß und machen Sie genau in östlicher Richtung einen Schritt vorwärts. Die linke Hand bleibt dabei entspannt, und die Faust befindet sich schlagbereit über der rechten Hüfte. Drehen Sie vor dem Schritt die linke Fußspitze etwas nach innen. Lassen Sie sich genug Zeit; Ihre Aufmerksamkeit sollte nicht ungeduldig zu dem »Schlag« vorauseilen, den Sie gleich ausführen werden. Denken Sie daran, dass Taiji stets in einer Atmosphäre der Gelassenheit und Entspannung geübt werden soll.
Bitte beachten: Die linke Hand bleibt während all dieser Bewegungen keineswegs untätig. Halten Sie sie weich und geöffnet und lassen Sie sie der Faust ein wenig folgen, in einer leichten Drehbewegung zur Körpermitte hin.

36
Vorwärtsschritt, parieren und schlagen
Einatmen

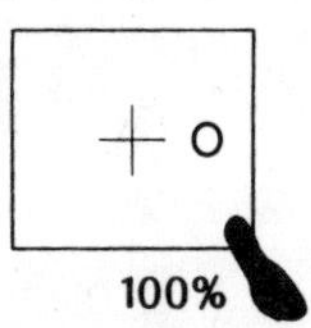

37 Setzen Sie nun die linke Ferse auf und beugen Sie das linke Knie, wobei der Fuß genau nach Osten zeigt. Wenn Sie wollen, zählen Sie jetzt laut »Drei«. Gleichzeitig parieren Sie mit dem linken Arm, das heißt, Sie nehmen den Unterarm fast senkrecht vor den Körper und lassen ihn etwas nach links ausschwingen, so als wolle er eine Kraft aufnehmen und ablenken. Schieben Sie dann die rechte Faust langsam nach vorn oben, bis in Höhe des Solarplexus – nicht höher. Das ist Ihr Schlag, aber Sie sollten ihn sehr langsam ausführen. Er sollte so lange dauern wie Ihre vollständige Ausatmung.

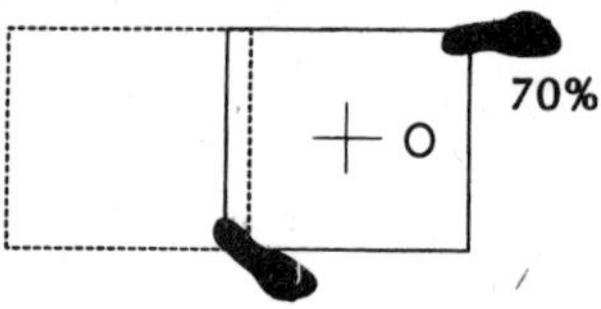

37
Vorwärtsschritt, parieren und schlagen
Ausatmen

Den Arm öffnen und stoßen (38–40)

38 Die nächste Bewegung ist ein bisschen kompliziert, wirkt sich aber sehr positiv auf Handgelenke und Ellbogen aus. Mit einer leichten Drehung der Taille entgegen dem Uhrzeigersinn gleiten die Finger ihrer linken Hand (Handfläche nach unten) unter Ihren rechten Unterarm. Zwischen Hand und Unterarm soll etwas Abstand bleiben, sie sollen sich nicht berühren – und halten Sie die Schultern locker und entspannt!

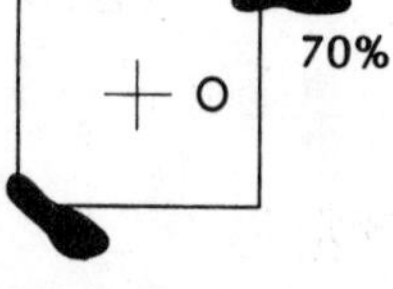

38
Den Arm öffnen und stoßen
Einatmen

39 Öffnen Sie die Faust und drehen Sie die rechte Handfläche nach oben. Verlagern Sie das Gewicht wieder auf den rechten Fuß. Bringen Sie die Hände nebeneinander, während die Taille sich etwas im Uhrzeigersinn dreht. Wenden Sie schließlich die Handflächen nach unten. Beide Füße sind ganz aufgesetzt, und der Rücken ist gerade aufgerichtet. Nicht nach hinten lehnen! Entspannen Sie beim Umdrehen der Hände Ihre Handgelenke. Hände und Unterarme sollen sich nicht berühren. Lassen Sie sich Zeit. Drehen Sie die Hände in einer langsamen und sehr fließenden Bewegung.

39
Den Arm öffnen und stoßen
Ausatmen

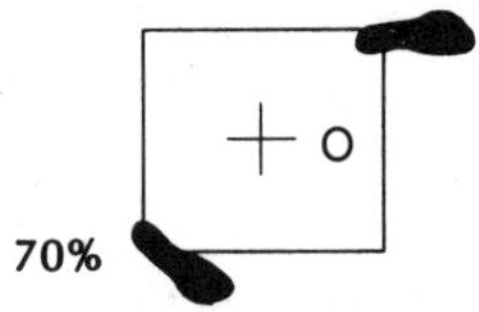

40 Heben Sie die Hände langsam etwas an, sodass die Handflächen nach vorn gerichtet sind. Verlagern Sie das Gewicht mit einer Beugung des linken Knies wieder nach vorn und stoßen Sie mit beiden Händen. Dieser beidhändige Stoß ähnelt sehr dem bereits ausgeführten (siehe Position 16–17), doch diesmal befindet sich das *linke* Bein vorne, und die Blickrichtung geht nach Osten. Die Hände sollten sich wieder in Brusthöhe befinden, nicht höher. Achten Sie darauf, dass die Schultern entspannt sind und der Rücken gerade aufgerichtet bleibt. Beugen Sie sich beim Stoßen nicht vor.

40
Den Arm öffnen und stoßen
Ausatmen

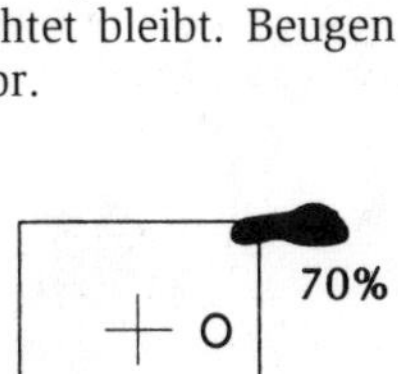

Drehung und Abschluss des ersten Teils (41–45)

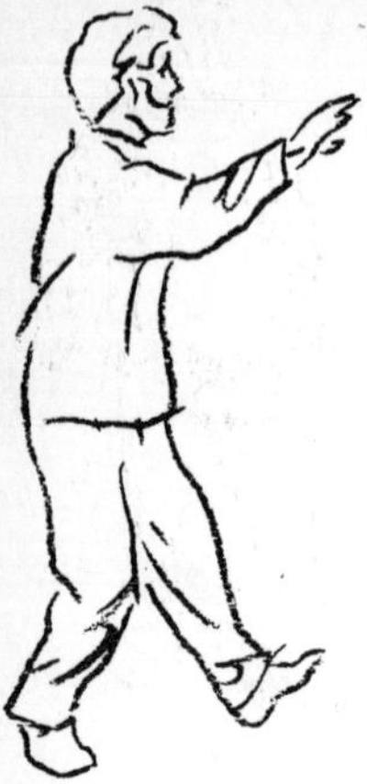

41 Verlagern Sie das Gewicht wieder auf den hinteren Fuß, wobei das Becken diesmal etwas tiefer sinkt, sodass Sie die Zehen des linken Fußes anheben können. Der Körper bleibt dabei nach Osten gewendet. Die Handflächen bleiben nach vorn gerichtet, sind aber etwas entspannter als während des Stoßens. Das ist eine zurückweichende Bewegung, eine Yin-Bewegung. Ihre Hände sollten das widerspiegeln, indem sie weicher werden und sich in den Gelenken entspannen. Vielleicht hilft Ihnen die Vorstellung, dass Sie ihre Hände an einem Kaminfeuer wärmen.

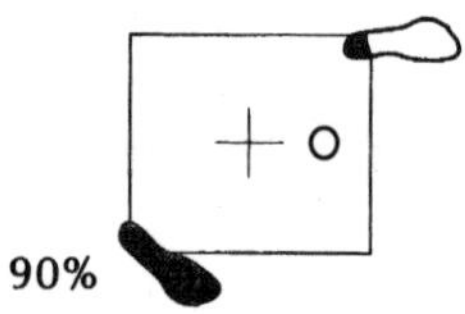

41
Drehung und Abschluss des ersten Teils
Einatmen

42 Drehen Sie sich jetzt auf der linken Ferse, sodass die Zehen nach Süden zeigen. Auch die Körpermitte dreht sich nach Süden. Dort angekommen, sollten Sie mit dem Ausatmen beginnen. Bislang sind die Hände in der Stoß-Position vor der Brust geblieben, doch nun trennen sie sich und wandern in einem weiten Bogen, der sich schon bald zu einem vollen Kreis schließen wird, nach außen.

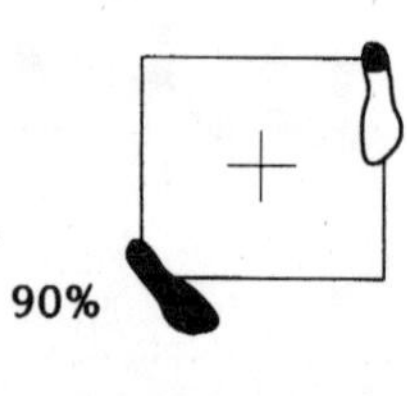

42
Drehung und Abschluss des ersten Teils
Ausatmen

43 Verlagern Sie nun Ihr ganzes Gewicht auf das linke Bein, während die Hände seitlich vom Körper die Kreisbewegung abwärts fortsetzen. Die Hände sind dabei, vor Ihnen einen großen Kreis in die Luft zu zeichnen, indem die rechte Hand sich im Uhrzeigersinn und die linke Hand sich entgegen dem Uhrzeigersinn abwärts bewegen. Sie sollten nun das Ende des Ausatmens erreichen.

43
Drehung und Abschluss des ersten Teils
Ausatmen beenden

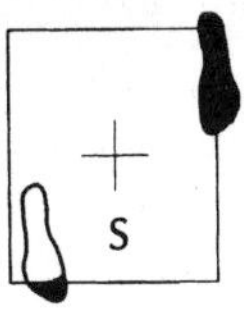

44 Wenn Sie das Gefühl haben, sicher auf dem linken Bein zu stehen, ziehen Sie den rechten Fuß zurück, sodass Sie im schulterbreiten Stand stehen und beide Fußspitzen nach Süden zeigen. Die Hände haben jetzt den tiefsten Punkt erreicht, und mit dem nächsten Einatmen steigen sie, die Handflächen zum Körper gerichtet, vor der Körpermitte wieder nach oben, bis sich in Kinnhöhe die Handgelenke kreuzen, wobei sich das rechte Handgelenk außen befindet. Das Gewicht ruht nun am Ende des ersten Teils wieder gleichmäßig auf beiden Füßen.

44
Drehung und Abschluss des ersten Teils
Einatmen

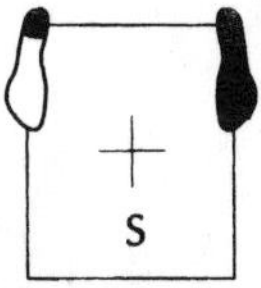

45 Zum Abschluss des ersten Teils müssen Sie nun lediglich noch die Hände sanft vor dem Körper nach unten führen. Sie trennen sich dabei wie von selbst und kommen seitlich des Körpers zur Ruhe. Atmen Sie aus, lassen Sie dabei den Körper etwas absinken, entspannen Sie Knie, Schultern und Finger. Wenn Sie das Üben an dieser Stelle beenden möchten – also nach dem ersten Teil der Form –, atmen Sie zum Abschluss ein paar Mal tief durch. Spüren Sie für einen Moment den Empfindungen nach, die das Üben in Ihrem Körper auslöst, ehe Sie sich wieder Ihrem Alltag zuwenden.

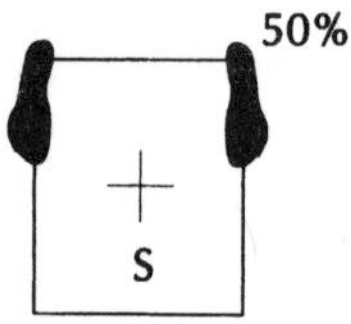

45
Drehung und Abschluss des ersten Teils
Ausatmen

Bitte beachten: Wenn Sie mit dem zweiten Teil weitermachen möchten, gestaltet sich der Abschluss dieser Bewegung etwas anders. Diese Variation werde ich aber am Anfang des folgenden Kapitels genau beschreiben, sodass Sie sich jetzt nicht weiter damit beschäftigen müssen.

> *»Tadelt keinen Menschen wegen seiner Unvollkommenheit,*
> *lehrte uns unser Meister.*
> *Seht ihr denn nicht, dass er selbst*
> *die allergrößten Schwierigkeiten auf sich nimmt,*
> *um Fortschritte machen zu können? –*
> *Seien sie auch noch so klein.«*
>
> Selvarajan Yesudian

5 Die Form – Zweiter Teil

»Halte es fest, dann kannst du es bewahren;
lasse los, und es wird sich zerstreuen.
Sein Erscheinen ist keinerlei Gezeiten unterworfen;
niemand weiß, woher es kommt und wohin es geht.«

KONFUZIUS

Die Schritt-für-Schritt-Anleitung

Den Tiger zum Berg tragen (46–47)

46 Aus der Stellung mit überkreuzten Händen am Ende des ersten Teils heraus verlagern Sie das Gewicht nun auf das linke Bein. Statt die Arme in der Abschlussbewegung herabsinken zu lassen, führen Sie sie in einer Abwärtsbewegung nach links. Die Hände trennen sich in Taillenhöhe, wobei der linke Handrücken mit etwas Abstand über den rechten Handrücken hinwegstreicht. Heben Sie die rechte Ferse an und drehen Sie sich ein Stück auf den Zehen, wobei die Taille sich im Uhrzeigersinn bewegt, um einen großen Schritt in Richtung Nordwesten vorzubereiten. Lassen Sie dann langsam die linke Hand mit nach oben gerichteter Handfläche bis auf Schulterhöhe steigen.

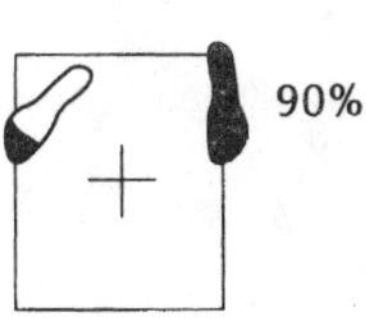

46
Den Tiger zum Berg tragen
Einatmen

47 Machen Sie nun mit dem rechten Bein einen Schritt nach Nordwesten und setzen Sie den Fuß mit der Ferse zuerst ab. »Streichen« Sie gleichzeitig mit Ihrer rechten Handfläche über das rechte Knie und drehen Sie die linke Handfläche nach unten. Verlagern Sie das Gewicht durch Beugen des Knies auf Ihr rechtes Bein und drehen Sie die rechte Handfläche nach oben, sodass es aussieht, als würden Sie einen großen Ball zwischen den Händen tragen, wobei die linke Hand sich oben befindet. Kopf, Schultern und Hüften sind nach Südwesten gerichtet.

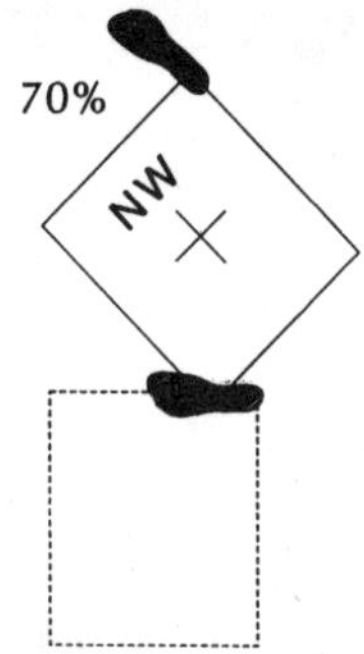

47
Den Tiger zum Berg tragen
Ausatmen

Diagonales Zurückdrehen, diagonales Drücken, diagonales Trennen der Hände und Stoßen, diagonale einfache Peitsche

Wenn Sie sich die Taiji-Form als Musikstück vorstellen, dann könnte man die folgende Sequenz als »den Refrain« bezeichnen. Es handelt sich um eine Folge von Bewegungen, die Sie bereits im ersten Teil kennengelernt haben, und die nun im zweiten Teil noch insgesamt dreimal wiederholt werden. Der Refrain besteht normalerweise aus allen Figuren von *Den Vogel beim Schwanz fassen* bis zur *einfachen Peitsche* – allerdings wird hier an dieser Stelle *Den Vogel beim Schwanz fassen* weggelassen, sodass die Sequenz mit dem Zurückdrehen beginnt.
Der Übergang zum Zurückdrehen aus der vorausgehenden Position ist ziemlich einfach. Sie müssen lediglich das Gewicht auf das hintere Bein verlagern, den rechten Arm heben und mit der linken Hand eine »Schale« unter dem rechten Ellbogen formen – alles genau wie beim Zurückdrehen im ersten Teil, nur dass Sie jetzt nach Nordwesten schauen, statt nach Westen. Danach fahren Sie fort mit dem *Drücken*, dem *Trennen der Hände und Stoßen* und der *einfachen Peitsche*, wie unter Position 13 bis 23 im ersten Teil beschrieben. Sie finden den Bewegungsablauf aber auch in der Überblicks-Illustration (Seite 146–153).

Nach dem Abschluss Ihrer *diagonalen einfachen Peitsche* schauen Sie natürlich diesmal nach Südosten, statt nach Osten. Das Fuß-Diagramm zeigt Ihnen, wie Ihre Position sein soll. Kopf, Hüften und Schultern sind nach Südosten gerichtet, das linke Knie befindet sich über der rechten Fußspitze.

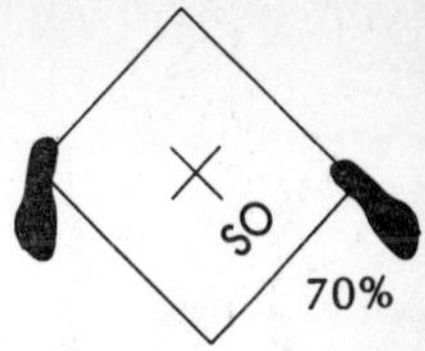

Faust unter dem Ellbogen (48–50)

48 Mit Hilfe von etwas Beinarbeit werden Sie sich nun wieder in die Ost/West-Achse zurückbringen. Insgesamt handelt es sich um drei Schritte, und es könnte hilfreich sein, wenn Sie laut mitzählen, wie bereits bei *Vorwärtsschritt, Parieren* und *Schlag*.
Nach der *diagonalen einfachen Peitsche* verlagern Sie das Gewicht auf das rechte Bein und öffnen entspannt die Hände. Drehen Sie sich auf der unbelasteten linken Ferse. Die linke Fußspitze soll nach Osten zeigen. Setzen Sie den Fuß nun flach auf und zählen Sie laut »Eins«.

48
Faust unter dem Ellbogen
Einatmen

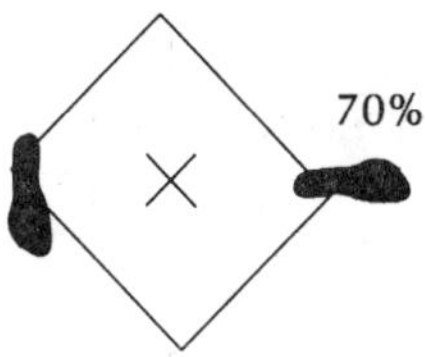

49 Als nächstes verlagern Sie das ganze Gewicht auf den linken Fuß und ziehen den rechten Fuß langsam an ihm vorbei. Die rechte Fußspitze zeigt dabei nach außen. Während Ihr Gewicht sich wieder auf die rechte Seite verlagert, zählen Sie laut »Zwei«. Gleichzeitig sinken Ihre Arme und wandern in einer Kreisbewegung vor der Körpermitte hinüber auf die linke Seite. Damit endet das Einatmen.

49
Faust unter dem Ellbogen
Einatmen beenden

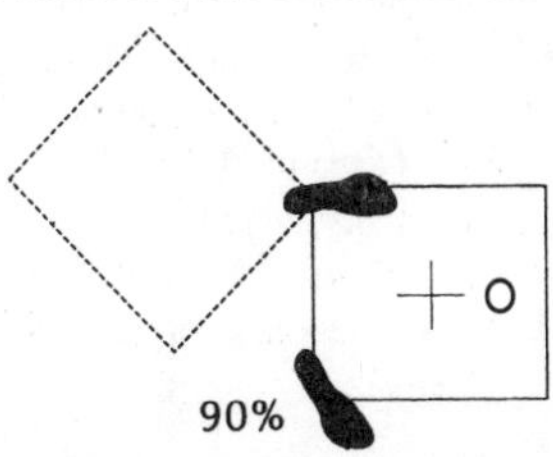

50 Verlagern Sie Ihr ganzes Gewicht auf den rechten Fuß. Der linke Fuß gleitet gleichzeitig nach vorne und innen in einen schmalen Fersenstand Richtung Osten. Dabei zählen Sie laut »Drei«. Gleichzeitig schieben Sie Ihren linken Arm vorwärts, wobei er fast spürbar über der rechten Handfläche entlangstreicht. Formen Sie zum Abschluss mit der rechten Hand eine lockere Faust, die unmittelbar unter dem linken Ellbogen innehält, ungefähr in Bauchhöhe. Jetzt sollten Kopf, Hüften und Schultern nach Osten gerichtet sein. Schauen Sie über die Fingerspitzen Ihrer linken Hand hinweg auf einen imaginären fernen Horizont, und achten Sie darauf, dass Ihr rechtes Handgelenk entspannt ist.

90%

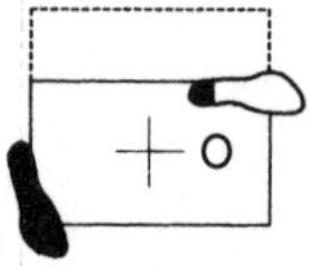

50
Faust unter dem Ellbogen
Ausatmen

Den Affen abwehren (rechte Seite) (51–53)

51 Ihr Gewicht ruht weiterhin auf dem hinteren Bein, und Sie öffnen nun die Faust und drehen die linke Handfläche nach oben. Zu dieser Sequenz gibt es eine kleine Geschichte, die Ihnen dabei helfen soll, sich die Bewegungen zu merken. Stellen Sie sich vor, Sie stünden einem Affen gegenüber (der Affe wird in manchen Regionen Asiens als Gottheit verehrt und gilt als sehr weise und verspielt zugleich). Sie werden ihm nun mit der Handfläche Ihrer linken Hand etwas Futter anbieten. Deshalb haben Sie diese Handfläche nach oben gedreht. Gleichzeitig drehen Sie Ihre rechte Handfläche zurück, genau wie Sie es zu Beginn der Lektion *Das Knie streichen und drücken* gemacht haben.

90%

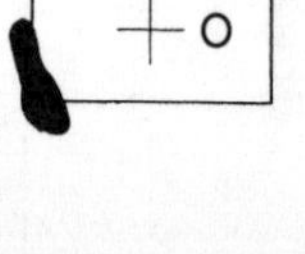

51
Den Affen abwehren (rechte Seite)
Einatmen

52 Heben Sie nun den linken Fuß an und ziehen Sie ihn zurück. Während der Affe näherkommt, um sich das Futter zu nehmen, machen Sie einen Schritt rückwärts. Die rechte Handfläche hat sich gedreht und weist jetzt nach vorn. Während der Fuß weiter zurückgleitet, sinkt die linke Hand sehr langsam zur linken Hüfte herab, wobei die Handfläche offen und entspannt bleibt und der Ellbogen etwas Abstand zu den Rippen bewahrt.

52
Den Affen abwehren (rechte Seite)
Einatmen beenden

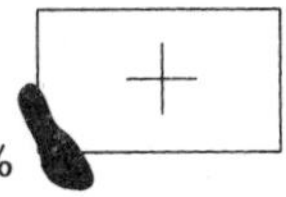

53 Setzen Sie den linken Fuß hinter dem Körper auf, und zwar mit den Zehen zuerst. Führen Sie die linke Hand jetzt ganz hinunter in Hüfthöhe, gerade in dem Moment, wenn der Affe kommt, um nach dem Futter zu greifen. Die rechte Handfläche ist inzwischen an Ihrem Gesicht vorbei nach vorn gewandert, um die Nase des Affen wegzustoßen. Der Rückwärtsschritt mit dem linken Bein und die Vorwärtsbewegung der rechten Hand geschehen gleichzeitig, in völliger Übereinstimmung. Zum Abschluss drehen Sie Ihren rechten Fuß auf der Ferse so, dass die Zehen nach Osten weisen. Obgleich der größte Teil des Gewichts auf dem hinteren Bein ruht, sind beide Fußsohlen fest aufgesetzt.

53
Den Affen abwehren (rechte Seite)
Ausatmen

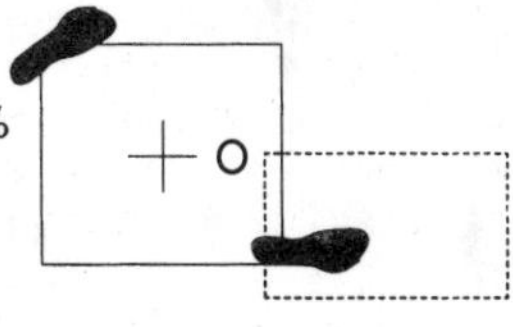

Den Affen abwehren (linke Seite) (54–55)

54 Nun wird der gesamte Bewegungsablauf wiederholt, doch diesmal beginnen Sie mit dem rechten Fuß, die rechte Handfläche wird vorgestreckt, und der Rückwärtsschritt vollzieht sich mit dem rechten Bein. »Bieten Sie dem Affen das Futter an«, indem Sie Ihre rechte Handfläche nach oben drehen. Die linke Hand beginnt inzwischen, Handfläche nach oben, eine Kreisbewegung bis hinter die linke Schulter auszuführen.

100%

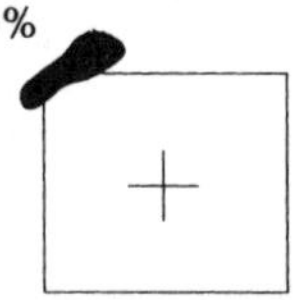

54
Den Affen abwehren (linke Seite)
Einatmen

55 Wie zuvor machen Sie auch jetzt einen Schritt zurück und setzen diesmal den rechten Fuß mit den Zehen zuerst auf. Gleichzeitig führen Sie die rechte Hand hinunter in Taillenhöhe. Die linke Hand wandert nach vorn, um die Nase des Affen wegzustoßen, gerade als er nach dem Futter greifen will. Abschließend korrigieren Sie die Position des vorderen Fußes, indem Sie ihn auf der Ferse drehen. Der linke Fuß, Kopf, Hüften und Schultern sind nun nach Osten gerichtet.

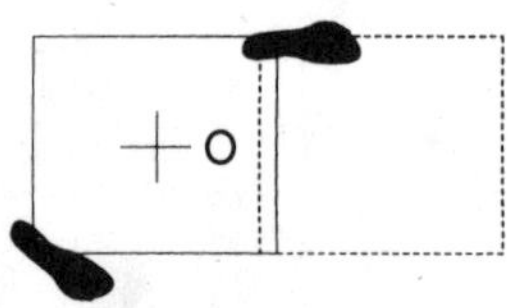

90%

55
Den Affen abwehren (linke Seite)
Ausatmen

Den Affen abwehren (rechte Seite)

Hier wiederholen Sie einfach die Positionen 51–53. Der einzige Unterschied besteht darin, dass zu Beginn diesmal beide Fußsohlen ganz fest aufgesetzt sind. Führen Sie wieder genau den gleichen Bewegungsablauf durch: Rückwärtsschritt mit dem linken Fuß; Zurückführen der linken Hand; die Affennase mit der rechten Handfläche wegstoßen und durch Drehen auf der Ferse die Fußstellung des vorderen Fußes korrigieren.

Diagonales Fliegen (56–57)

56 Verlagern Sie den Großteil Ihres Gewichts auf den linken Fuß, drehen Sie die Taille entgegen dem Uhrzeigersinn und lassen Sie die rechte Ferse der Bewegung folgen – das verhindert Spannungen im rechten Knie, die sonst durch das Wegdrehen des Körpers entstehen könnten. Formen Sie vor dem Körper einen Ball: Die linke Hand ist oben, mit der Handfläche nach unten, die rechte Hand stützt den Ball von unten, mit der Handfläche nach oben. Senken Sie das Becken und verlagern Sie das Gewicht ganz auf das linke Bein, um den rechten Fuß vom Boden anheben zu können.

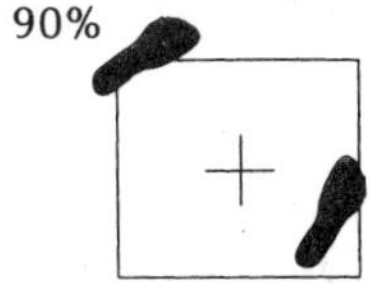

56
Diagonales Fliegen
Einatmen

57 Heben Sie den rechten Fuß an, bewegen Sie die Taille im Uhrzeigersinn und drehen Sie die rechte Hüfte so weit herum, dass Sie den rechten Fuß möglichst weit in südwestlicher Richtung mit der Ferse aufsetzen können. Dies ist einer der größeren Schritte, wie *Den Tiger zum Berg tragen*. Daher ist es von entscheidender Wichtigkeit, dass Sie, sobald sich das Gewicht auf das rechte Bein verlagert, den hinteren, linken Fuß auf der Ferse drehen, um ihn in einen angenehmen Winkel zum vorderen zu bringen. Die Arme trennen sich währenddessen. Der rechte Arm »fliegt« in südwestlicher Richtung nach vorne und oben, die linke Hand sinkt zur linken Hüfte hinab und ist dabei leicht nach hinten gerichtet.

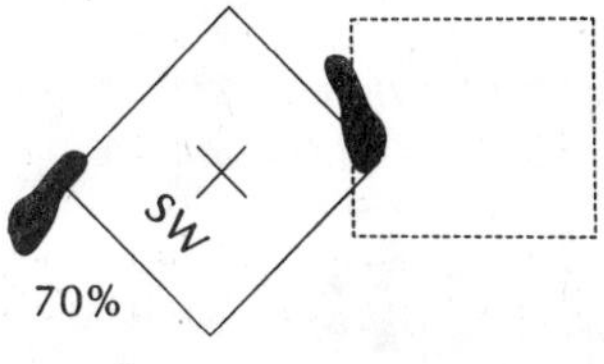

57
Diagonales Fliegen
Ausatmen

Wolkenhände (Einleitung) (58–59)

58 Wir kommen nun zu einer wirklich klassischen Sequenz - den Wolkenhänden (manchmal wird diese Bewegungsfolge auch *Hände wie ziehende Wolken* genannt). Als erstes richten Sie sich wieder an der Ost/West-Achse aus, wozu Sie einfach den hinteren (linken) Fuß auf gleiche Höhe mit dem rechten bringen. Wichtig ist, dass er in ordentlichem Abstand zum rechten Fuß aufgesetzt wird. Der Abstand sollte eineinhalb bis zwei Schulterbreiten betragen. Ihr Gewicht stützt sich dabei auf das rechte Bein, und Ihre linke Hand wird vor dem Körper nach rechts geführt, bis sie sich unterhalb der rechten Hand befindet.

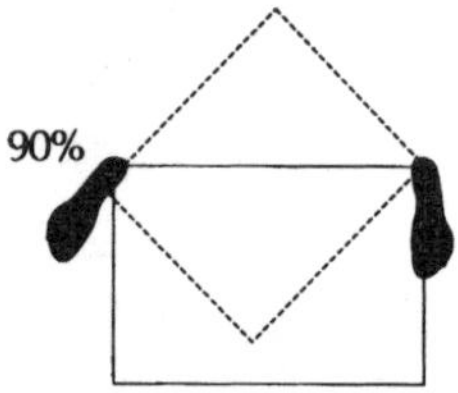

58
Wolkenhände
(Einleitung)
Einatmen

59 Verlagern Sie jetzt langsam das Gewicht auf das linke Bein und wechseln Sie die Handposition: Die rechte Hand wird seitlich vor dem Körper senkrecht nach unten geführt. Gleichzeitig steigt die linke Hand bis auf Schulterhöhe. Sie wird zwischen rechter Hand und Körper nach oben geführt, befindet sich also näher am Körper. Die Hände bewegen sich sehr leicht und sanft - wie am Himmel dahinziehende Wolken.

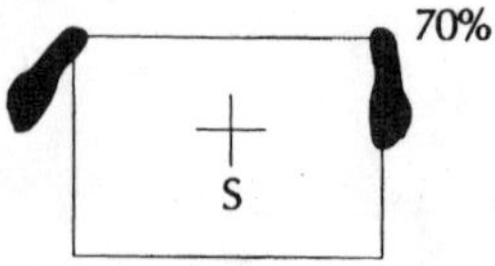

59
Wolkenhände
(Einleitung)
Ausatmen

Wolkenhände (links) (60–62)

60 Der größte Teil Ihres Gewichts ruht auf dem linken Bein. Drehen Sie die rechte Ferse so, dass die Zehen nach Süden zeigen. Die Füße stehen nun parallel zueinander. Führen Sie gleichzeitig Ihre rechte Hand vor den Unterbauch, die Handfläche zum Körper hin gerichtet. Ihre linke Handfläche befindet sich genau über der rechten Hand, etwa in Höhe Ihrer Kehle, und ist ebenfalls zum Körper gerichtet. Beginnen Sie mit dem Einatmen.

60
Wolkenhände (links)
Einatmen

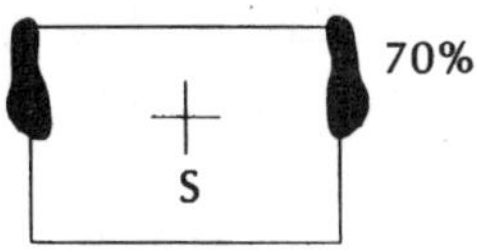

61 Drehen Sie die Taille entgegen dem Uhrzeigersinn, wobei Sie die Arme mit dem Körper mitführen und mit den Händen einen Ball formen. Das Gewicht ruht dabei ganz natürlich stärker auf dem linken Fuß. Spreizen Sie die Knie so, als würden Sie auf einem Pferd sitzen. Die Knie sollen dabei locker bleiben. Achten Sie darauf, die Hüften (und auch die Arme) nur so weit zu drehen, wie es für Sie angenehm ist. Wenn Sie merken, dass sich die Muskeln in Taille und Rücken anspannen und Ihre Knie nach innen einknicken, haben Sie sich zu weit gedreht. Arme und Körper sollten die ganze Zeit über sanft gerundet wirken.

61
Wolkenhände (links)
Einatmen beenden

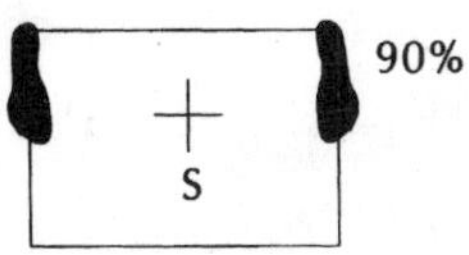

62 Entlasten Sie den rechten Fuß nun vollständig und ziehen Sie ihn in einen schulterbreiten Stand zurück. Gleichzeitig wechseln Sie die Stellung der Hände, indem Sie die rechte Hand auf Schulterhöhe steigen lassen, während die linke auf Hüfthöhe absinkt. Wie beim vorherigen Wechsel der Hände (Position 59) wandert die untere Hand näher am Körper nach oben, während die obere vor ihr herabgleitet. Nehmen Sie die obere Hand bewusst etwas nach vorn, um der unteren Hand Platz zu machen.

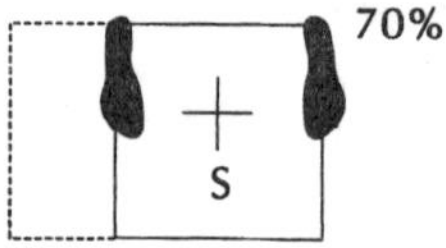

62
Wolkenhände (links)
Ausatmen

Wolkenhände (rechts) (63–65)

63 Nun wird die Bewegungsfolge zur anderen Seite hin wiederholt. Drehen Sie ihre Taille also zurück nach Süden und positionieren Sie die Hände wie zuvor, nur dass sich diesmal die rechte Hand vor der Kehle befindet und die linke vor dem Unterbauch. Die Bewegung der Arme soll auch jetzt wieder aus der Taille geführt werden, und die Knie sollen gespreizt sein. Die freie Drehung in der Taille ist der Schlüssel zu dieser Bewegungsfolge. Sie ist vermutlich der Grund dafür, dass die Wolkenhände als sehr wohltuend für die Verdauungsorgane gelten.

63
Wolkenhände (rechts)
Einatmen

64 Drehen Sie die Taille im Uhrzeigersinn so weit, wie es sich angenehm anfühlt, und formen Sie mit den Händen wieder einen Ball, wobei sich jetzt die rechte Hand oben und die linke unten befindet. Während dieser Drehbewegung wird sich das Gewicht ganz von selbst auf das rechte Bein verlagern. Die Taille und das Zwerchfell – der große Muskel unterhalb der Rippen, der die Atmung unterstützt – sollen während dieser Bewegungen so entspannt wie möglich sein. Falls nötig, können Sie mit den Fingerspitzen behutsam direkt unter dem unteren Rippenbogen ein wenig gegen den Bauch drücken, um die Muskulatur dort zu lockern – aber bitte ganz sanft! Nicht feste hineinpieken, nur ganz leicht massieren. Führen Sie dann die Drehung erneut aus und schauen Sie, ob sie sich nun anders anfühlt.

64
Wolkenhände (rechts)
Einatmen beenden

65 Entlasten Sie den linken Fuß vollständig und machen Sie mit ihm einen Schritt seitwärts, das heißt in östlicher Richtung. Setzen Sie ihn eineinhalb bis zwei Schulterbreiten vom rechten Fuß entfernt auf. Beide Füße stehen weiterhin parallel zueinander, die Zehen zeigen nach Süden. Nun wechseln Sie wieder die Handposition. Die linke Hand steigt auf Schulterhöhe hinauf, und die rechte sinkt auf Hüfthöhe hinab. Wieder ist es hilfreich, die obere Hand ganz leicht nach Westen vorzuschieben, damit genügend Platz ist, wenn die untere Hand zwischen ihr und dem Körper hochsteigt.

65
Wolkenhände (rechts)
Ausatmen

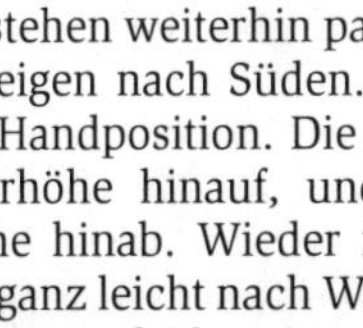

Wolkenhände (links, Übergang zur Peitsche) (66–68)

66 Obgleich die Wolkenhände zur linken Seite schon gezeigt worden sind (60–62), werden wir sie uns erneut anschauen, da diesmal am Schluss eine Variation erfolgt, die die nächste Sequenz einleitet. Wenden Sie also die Körpermitte wieder geradeaus Richtung Süden und positionieren Sie dabei die Hände wie zuvor – linke Hand in Höhe der Kehle, rechte Hand darunter, vor dem Unterbauch.

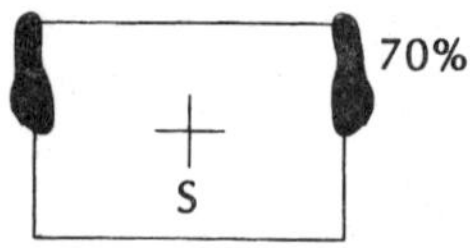

66
Wolkenhände (links, Übergang zur Peitsche)
Einatmen

67 Setzen Sie die Drehbewegung der Taille gegen den Uhrzeigersinn fort – auch jetzt wieder nur so weit, wie es sich angenehm anfühlt. Formen Sie mit den Händen einen Ball, bei dem sich die linke Hand oben befindet. Das Gewicht wird sich wieder ganz automatisch stärker auf das linke Bein verlagern. Lassen Sie bei all diesen Bewegungen die Hände sanft »dahintreiben«. Stellen Sie sich vor, dass Ihre Hände und Unterarme federleicht geworden sind und sanft wie Wolken durch die Luft schweben, graziös und weich gerundet. Stellen Sie sich vor, dass es nicht so sehr die Muskelkraft ist, sondern Ihre innere Energie, von der die Arme getragen werden.

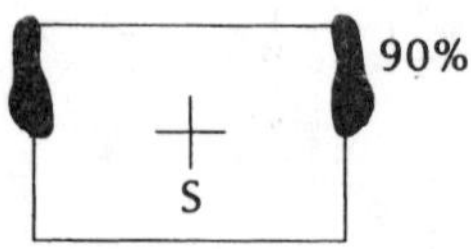

67
Wolkenhände (links, Übergang zur Peitsche)
Einatmen beenden

68 Nun kommen wir zum Abschluss der Sequenz: Sie befinden sich jetzt in der Position, in der Sie bereit sind, den Seitenschritt zu machen und die Stellung der Hände wieder zu wechseln. Diesmal machen Sie mit dem rechten Fuß jedoch keinen Seitenschritt, sondern einen halben Schritt schräg nach vorn. Wenn Sie nun die Handstellung wechseln, formen Sie mit der rechten Hand den Kranichschnabel und führen sie in dieser Haltung nach oben – Sie kennen diese Handhaltung bereits von der *einfachen Peitsche*. Tatsächlich befinden Sie sich jetzt schon halbwegs in der *einfachen Peitsche*; also wendet sich die linke Handfläche nach oben, um die Bewegung nach Osten abschließen zu können, was jetzt auch als nächstes geschieht.

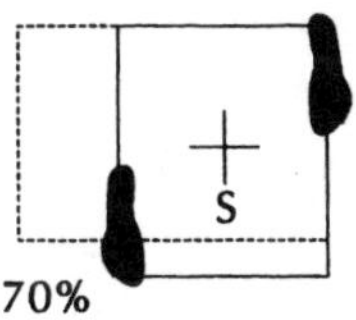

68
Wolkenhände
(links, Übergang zur Peitsche)
Ausatmen

Isolierte einfache Peitsche (69–70)

69 Vom Übergang aus den *Wolkenhänden* fahren Sie fort, indem Sie das hintere Bein entlasten und vom Boden anheben. Atmen Sie ein und bereiten Sie sich auf einen Schritt nach Osten vor. Der Blick ist auf die linke Handfläche gerichtet.

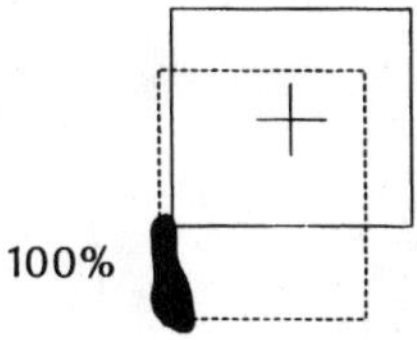

69
Isolierte einfache Peitsche
Einatmen

70 Beenden Sie diese *isolierte einfache Peitsche* (»isoliert« deshalb, weil sie hier für sich allein auftritt, ohne in den »Refrain« eingebunden zu sein), indem Sie die linke Ferse im Osten aufsetzen und die linke Hand hochsteigen lassen, sodass die Finger nach Osten zeigen. Vergewissern Sie sich, dass Sie in einem guten 70/30-Stand stehen. Beugen Sie das linke Knie und bringen Sie die rechte Ferse in eine angenehme Stellung. Kopf, Hüften und Schultern sind nach Osten gerichtet, und das linke Knie befindet sich über den Zehen des linken Fußes. Achten Sie darauf, dass Ellbogen und Handgelenk des linken Armes entspannt sind.

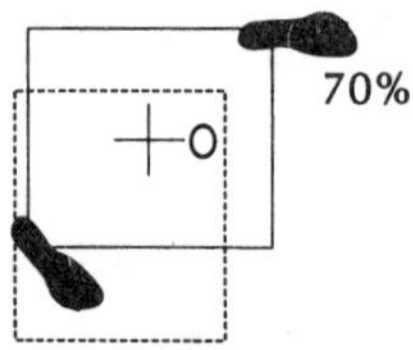

70
Isolierte einfache Peitsche
Ausatmen

Die Schlange kriecht herab (71–72)

71 Diese Bewegung – ein klassisches, bei Malern und Bildhauern sehr beliebtes Taiji-Motiv – wird manchmal auch als *abgesenkte einfache Peitsche* bezeichnet, weil der aus der *einfachen Peitsche* mitgebrachte Kranichschnabel während der gesamten Bewegung intakt bleibt. Zunächst müssen Sie etwas mehr Abstand zwischen Ihren Füßen schaffen. Dazu schieben Sie den rechten Fuß ein wenig zurück und drehen ihn auf der Ferse, sodass die Zehen nach Südwesten zeigen. Drehen Sie dann die linke Ferse etwas nach innen, sodass der linke Fuß ungefähr nach Südosten weist. Während Sie das Einatmen beenden, lassen Sie Ihr Becken sinken und stützen sich ganz auf das stark gebeugte linke Bein. Der rechte Arm bleibt währenddessen erhoben.

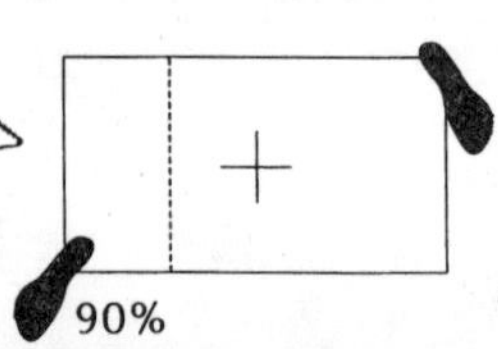

71
Die Schlange kriecht herab
Einatmen

72 Atmen Sie aus und sinken Sie dabei weiter herab aufs rechte Bein. Die linke Hand wird gleichzeitig vor die Brust geführt, die Finger dicht beieinander. Führen Sie sie vor der Körpermitte in einem weiten Bogen zum Boden – wobei sie den Boden am untersten Punkt des Bogens fast berührt – und dann weiter nach vorn zu Ihrem linken Fuß hin. Dabei zeigt die Handfläche jetzt nach Süden. Dann, wenn die Hand am linken Fuß vorbeistreicht, ohne ihn zu berühren, ist es, als würde sie den Fuß geradebiegen – der Fuß dreht sich auf der Ferse und zeigt jetzt wieder genau nach Osten.

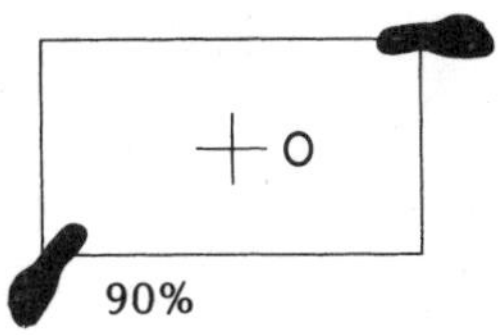

72
Die Schlange kriecht herab
Ausatmen

Goldfasan (rechte Seite) (73–74)

73 Nun bekommen Sie Gelegenheit, Ihren Gleichgewichtssinn zu testen. Sie werden Ihr unbelastetes Bein hochheben. Die ganze Bewegung ähnelt dem stolzen Gehabe eines Hahns. Zunächst müssen Sie jedoch die tiefe Stellung der *Schlange* auflösen, und es überrascht mich immer wieder, wie schwer das manchen Leuten fällt. Gehen Sie auf die folgende, einfache Weise vor:
Bringen Sie den rechten Fuß wieder in die angenehme, nach Südosten weisende Stellung. Drehen Sie den linken Fuß auf der Ferse nach außen, verlagern Sie das Gewicht dann langsam vorwärts und beugen Sie das linke Knie. Nun sind Sie in der Lage, das rechte Bein vom Boden abzuheben, um in die einbeinige Haltung des *Goldfasans* zu gelangen.

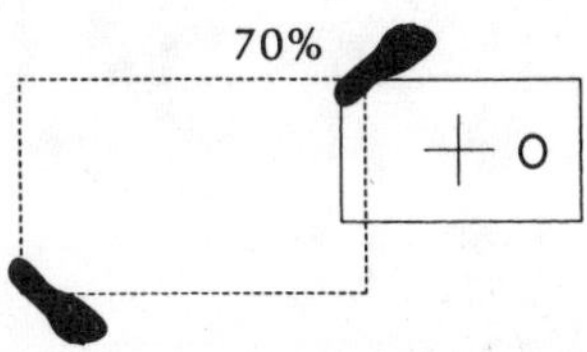

73
Goldfasan (rechte Seite)
Einatmen

74 Richten Sie den Körper auf und lassen Sie das rechte Knie und die rechte Hand aufsteigen, wobei die Finger nach oben weisen. Denken Sie an einen Hahn, der auf einem Bein steht. Dieses Bild ist ein starker Kontrast zu der geheimnisvollen, sich zum Boden windenden *Schlange*, die uns unmittelbar zuvor begegnete. Hier ist der Körper jetzt stolz nach vorne oben ausgerichtet. Wenn Sie anfangs Probleme mit der Balance haben, muss Sie das nicht weiter beunruhigen. Behalten Sie dann einfach die rechte Fußspitze am Boden. Für den Anfang ist es schon sehr gut, wenn Sie das Gewicht stabil aufs linke Bein verlagern und die rechte Ferse vom Boden abheben. Wenn Sie regelmäßig üben, wird sich Ihr Gleichgewichtsgefühl allmählich verbessern.

100%

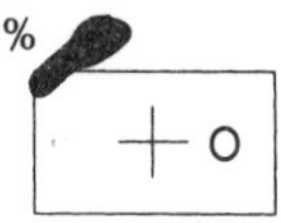

74
Goldfasan (rechte Seite)
Einatmen beenden

Goldfasan (linke Seite) (75–76)

75 Nun führen Sie diesen Bewegungsablauf zur anderen Seite hin aus. Beginnen Sie, indem Sie den rechten Fuß mit nach Südosten gerichteten Zehen aufsetzen und dann Ihr ganzes Gewicht auf ihn verlagern. Lassen Sie gleichzeitig den rechten Arm leicht und natürlich an der Körperseite herabsinken. Führen Sie diese Bewegungen sehr langsam und kontrolliert aus. Wenn Sie schwanken und den Fuß hastig absetzen müssen, um nicht umzukippen, sind Sie nicht genügend ausbalanciert. Achten Sie auf einen fließenden, harmonischen Bewegungsablauf.

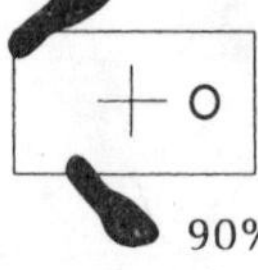

90%

75
Goldfasan (linke Seite)
Ausatmen

76 Jetzt führen Sie die Bewegung zur anderen Seite durch, ahmen den Fasanen-Hahn nach, indem Sie langsam das linke Knie und den linken Arm anheben. Wenn Ihre Zehen sich vom Boden lösen, sollte das mit einer ganz leicht scharrenden Bewegung geschehen - ganz wie es ein Hahn macht, wenn er das Bein hebt. Versuchen Sie, wirklich das Bild eines großen Hahnes zu erzeugen. Verkörpern Sie ihn.
Manchmal bitte ich meine Schüler, sich ein Schweizer Taschenmesser vorzustellen, wenn sie diese Bewegung üben. Bein und Arm sollen sich auf einer Linie befinden, was bedeutet, dass Hand, Ellbogen, Knie, Schienbein und Fuß genau nach Osten ausgerichtet sind.

76
Goldfasan (linke Seite)
Einatmen

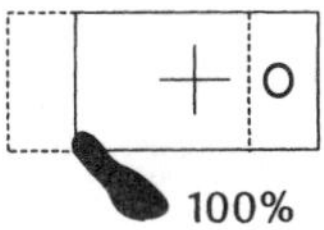

Das Pferd streicheln (rechts) (77)

77 Setzen Sie den linken Fuß etwas nach hinten versetzt wieder ab, wobei die Zehen zuerst den Boden berühren, und lassen Sie Ihre Körpermitte dem führenden Fuß folgen, sich also nach Südosten drehen. Stellen Sie sich gleichzeitig vor, dass neben Ihnen ein Pferd steht (von der Größe her müsste es eigentlich eher ein Pony sein). Legen Sie ihm die rechte Hand auf den Hals und halten Sie einen Apfel in der linken Hand, den Sie ihm anbieten. So befinden Sie sich mehr oder weniger in der richtigen Position - mit etwas Übung sollte es Ihnen gelingen, den Bewegungsablauf schön fließen zu lassen, wobei die linke Hand etwas entlang des rechten Unterarms herabgleitet, während Sie die rechte Hand auf- und seitwärts bewegen.

77
Das Pferd streicheln (rechts)
Ausatmen

Zehentritt rechts (78–79)

78 Nun folgt, mit dem ersten von zwei Zehentritten, ein weiterer Stand auf einem Bein. Zuerst müssen Sie aber Ihre Arme überkreuzen, ehe sie sich kurz vor dem Tritt trennen und auseinander treiben. Bei den gekreuzten Armen ist die linke Hand innen, also körpernah. Beginnen Sie, indem Sie die rechte Ferse etwas nach innen drehen. Ihre Körpermitte ist nun nach Nordosten gerichtet. Als nächstes senken Sie die rechte Hand und bringen das Handgelenk unter Ihre Linke, ungefähr in Höhe des Unterbauches. Drehen Sie dann die Handgelenke nach oben, sodass die Handflächen nach außen gerichtet sind (nach Nordosten). Gleichzeitig heben Sie zur Vorbereitung auf den Tritt das rechte Knie.

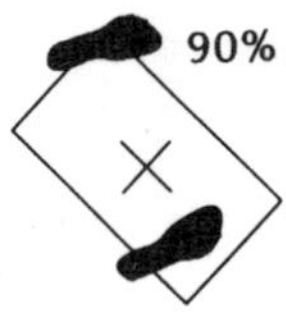

78
Zehentritt rechts
Einatmen

79 Nun bewegen sich die Hände voneinander weg – die rechte Hand wird nach vorn geführt, in südöstlicher Richtung, und die linke Hand wandert in einem großen Bogen nach hinten bis auf Schulterhöhe. Heben Sie nun das linke Bein weiter an und machen Sie mit den Zehen eine tretende Bewegung nach Südosten, auf gleicher Linie mit Ihrem Arm. Die Höhe des Trittes spielt dabei keine Rolle. Heben Sie vor dem Tritt aber auf jeden Fall das Knie bis auf eine Höhe, die machbar ist und sich angenehm anfühlt. Wenn Sie das Knie zu weit anheben, besteht die Gefahr, dass Sie beim Ausführen des Trittes nach hinten fallen.

79
Zehentritt rechts
Ausatmen

Das Pferd streicheln (links) (80–81)

80 Jetzt werden Sie das Pferd noch einmal streicheln, diesmal aber mit der linken Hand. Doch zunächst müssen Sie, unmittelbar nach dem Tritt, einatmen und das Schienbein in eine entspannte Position herabsinken lassen. Zur Vorbereitung auf die folgende Bewegung nehmen Sie die Handflächen schräg übereinander. Dieses Einatmen gleich nach dem Tritt und vor der nächsten Yang-Bewegung ist typisch für die Taiji-Form.

80
Das Pferd streicheln (links)
Einatmen

81 Setzen Sie den rechten Fuß etwas vor dem linken Fuß mit der Ferse ab. Die Zehen zeigen nach Südosten. Das Pony steht nun links von Ihnen, also legen Sie Ihre linke Hand auf seinen Hals, während Ihre rechte Hand den Apfel in der Handfläche hält. Wie schon gesagt, sollten Sie sich, wenn Sie den grundsätzlichen Bewegungsablauf begriffen haben, um ein elegantes Fließen der Hände bemühen. Beide Hände sollten sich in graziösen Bögen bewegen, mit entspannten Fingern.

81
Das Pferd streicheln (links)
Ausatmen

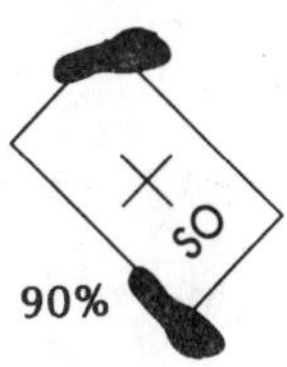

Zehentritt links (82–83)

82 Setzen Sie den linken Fuß parallel zum rechten auf und bereiten Sie sich auf einen erneuten Zehentritt vor, diesmal aber in nordöstlicher Richtung. Zunächst kreuzen Sie wieder die Arme. Dann drehen Sie den linken Fuß auf der Ferse leicht nach innen und senken den linken Arm, sodass das linke Handgelenk sich unterhalb des rechten vor dem Unterbauch befindet. Drehen Sie dann die Handgelenke nach oben, sodass die Handflächen nach außen (Südosten) zeigen, und heben Sie gleichzeitig zur Vorbereitung auf den Tritt das linke Knie.

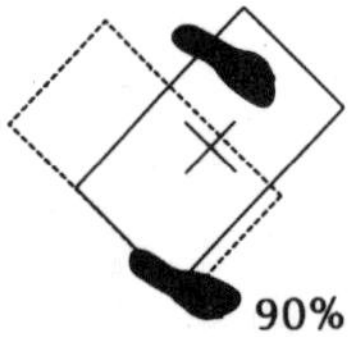

82
Zehentritt links
Einatmen

83 Die Hände trennen sich. Die linke wird nach vorne geführt, nach Nordosten, die rechte Hand gleitet zurück. Heben Sie dann das Schienbein zu einem sehr langsamen, sanften und kontrollierten Tritt mit den linken Zehen in nordöstlicher Richtung.

83
Zehentritt links
Ausatmen

Drehung und Sohlentritt (84–85)

84 Diese Bewegung mag im ersten Moment etwas schwierig erscheinen, aber – wie bei den meisten Taiji-Bewegungen – gilt auch bei ihr, dass es sich zu 99 Prozent um die Technik handelt. Sie müssen sich auf der Ferse des rechten Fußes nach Westen drehen, ohne den linken Fuß aufzusetzen. Wenn Ihnen das erfolgreich gelungen ist, werden Sie mit dem linken Fuß einen Tritt nach Westen ausführen. Dies geht folgendermaßen: Wenn die vorherige Bewegung abgeschlossen ist, wird der Fuß gar nicht erst wieder aufgesetzt. Stattdessen senken Sie lediglich das Schienbein in eine senkrechte Stellung. Auch die Arme werden gesenkt, sodass der linke Arm senkrecht vor der Körpermitte schwebt und der rechte sich außerhalb des rechten Oberschenkels befindet. Dann drehen Sie sich, indem Sie den Schwung Ihres linken Beines und rechten Armes nutzen, entgegen dem Uhrzeigersinn auf der rechten Ferse, sodass die rechte Fußspitze nach Nordwesten zeigt.

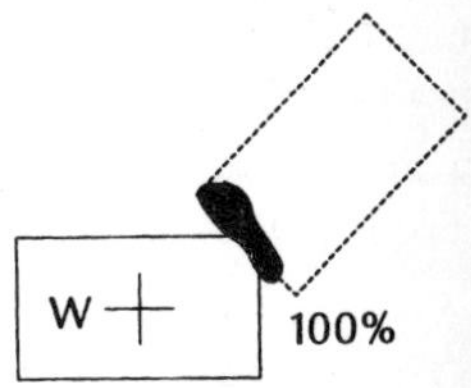

84 *Drehung und Sohlentritt* Einatmen

85 Überkreuzen Sie nun wieder die Handgelenke. Darüber, welches Handgelenk sich dabei außen befinden soll, gibt es unterschiedliche Angaben, aber ich persönlich bevorzuge es, wenn das rechte Handgelenk außen ist, weil mir das natürlicher erscheint. Heben Sie dann die Arme, sodass die Handflächen sich nordwärts nach außen drehen. Wieder trennen sich die Hände – die linke Hand wird nach Westen, die rechte auf Schulterhöhe nach hinten geführt. Treten Sie jetzt so langsam wie möglich mit der Fußsohle nach Westen. Führen Sie den Tritt nicht zu hastig aus. Achten Sie darauf, sich vorher weit genug zu drehen und das Gewicht stabil auf das rechte Bein zu verlagern.

85
Drehung und Sohlentritt
Ausatmen

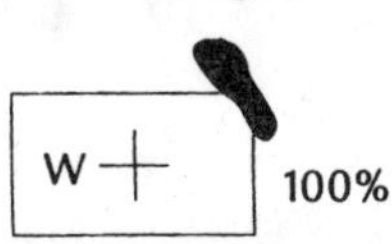

Streichen übers linke Knie und stoßen (86–87)

86 Diese Bewegung kennen wir bereits aus dem ersten Teil. Dennoch ist sie hier noch einmal abgebildet, da der Übergang jetzt anders aussieht – zum einen, weil der linke Fuß sich noch in der Luft befindet. Senken Sie nach dem Tritt das Schienbein, wobei der Oberschenkel waagrecht bleibt. Führen Sie dann den linken Arm wieder auf eine Linie mit dem Knie – die Position ähnelt dadurch für einen Moment dem *Goldfasan*. Die rechte Hand befindet sich aber hinter Ihnen, nicht seitlich; ihre Handfläche wird herumgedreht, sodass Sie mit ihr einen Stoß nach Westen ausführen können.

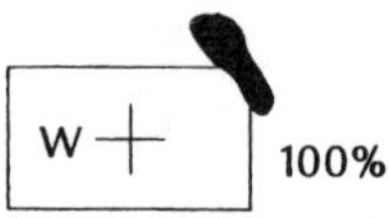

86
Streichen übers linke Knie und stoßen
Einatmen

87 Beginnen Sie mit der Ausatmung und setzen Sie die Ferse auf, vor dem rechten Fuß und auf der Schulterlinie. Beugen Sie das linke Knie, um das Gewicht nach vorne zu verlagern, während Sie mit der rechten Handfläche ungefähr in Brusthöhe einen Stoß nach Westen ausführen. Gleichzeitig streicht die linke Hand über das linke Knie hinweg – blättern Sie zurück und schauen Sie bei Position 31 nach, wie die Bewegung von der anderen Seite aussieht.
Bitte beachten: Es ist wichtig, dass Sie nicht in diese Bewegung hineinstolpern oder hineinfallen. Bereiten Sie sich stets durch eine Einatmung (Yin) vor, ehe Sie den linken Fuß langsam und kontrolliert absetzen und die Bewegung vollenden (Yang).

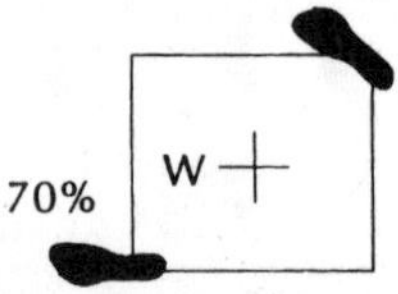

87
Streichen übers linke Knie und stoßen
Ausatmen

Streichen übers rechte Knie und stoßen (88–89)

88 Senken Sie den Körper auf das hintere Bein und drehen Sie den linken Fuß auf der Ferse nach außen. Lockern Sie die rechte Hand, indem Sie die Handfläche etwas nach unten drehen. Drehen Sie die linke Handfläche nach oben, sodass es aussieht, als würden die Hände diagonal einen Ball halten. Atmen Sie ein und beginnen Sie, die Körpermitte entgegen dem Uhrzeigersinn zu drehen. Führen Sie die linke Hand in einem Kreisbogen rückwärts, wobei die Handfläche weiterhin nach oben gerichtet ist. Es handelt sich, wie Sie wahrscheinlich schon vermutet haben, um eine spiegelbildliche Wiederholung der vorigen Bewegungsfolge. Bereiten Sie sich also auf einen Schritt vorwärts mit dem rechten Bein vor.

88
Streichen übers rechte Knie und stoßen
Einatmen

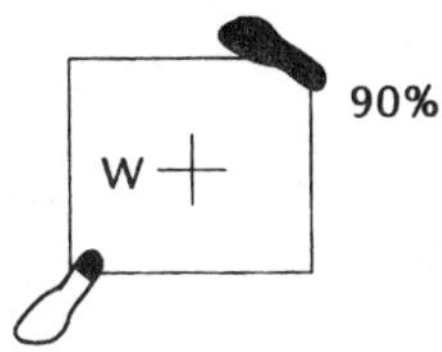

89 Machen Sie einen Schritt vorwärts nach Westen – die Ferse zuerst aufsetzen. Streichen Sie dann mit der rechten Handfläche über das rechte Knie, in nördlicher Richtung. Führen Sie Ihre linke Hand auf der Höhe Ihres Ohres nach vorn und stoßen Sie die Handfläche nach Westen, in Brusthöhe, während Sie gleichzeitig das rechte Knie beugen und das Gewicht nach vorn verlagern. Kopf, Hüften und Schultern sind nach Westen gerichtet, das rechte Knie befindet sich über den rechten Zehen.

89
Streichen übers rechte Knie und stoßen
Ausatmen

Streichen übers linke Knie und tiefer Schlag (90–91)

90 Für die nächste Bewegung werden Sie wieder einen Vorwärtsschritt machen, mit der gleichen Beinarbeit - also, den Fuß, der sich am Ende des Schritts hinten befinden wird, nach außen drehen, und so weiter. Das Ganze ähnelt sehr der Bewegung *Streichen übers linke Knie und stoßen*, mit der Ausnahme, dass Sie mit der rechten Hand keinen Stoß ausführen werden, sondern einen sehr langsamen tiefen Schlag mit der rechten Faust. Beginnen Sie, indem Sie das Gewicht wieder auf das hintere Bein verlagern und den rechten Fuß auf der Ferse nach außen drehen. Ballen Sie die rechte Hand zu einer lockeren Faust und führen Sie sie kreisförmig nach rechts außen.

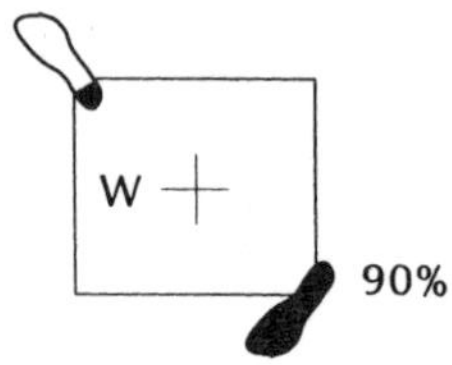

90
Streichen übers linke Knie und tiefer Schlag
Einatmen

91 Machen Sie mit dem linken Fuß einen Schritt geradeaus nach Westen - wenn Sie möchten, können Sie die linke Fußspitze vorher etwas nach rechts drehen. Streichen Sie gleichzeitig mit der linken Handfläche über Ihr linkes Knie und verlagern Sie das Gewicht nach vorn, indem Sie das linke Knie beugen. Der Körper sollte dabei tief nach unten sinken. Parallel dazu führen Sie mit der rechten Faust einen spiralförmigen Schlag aus, diagonal bis auf Kniehöhe hinab. Am Ende des Schlags befindet sich die Daumenseite Ihrer Faust oben.

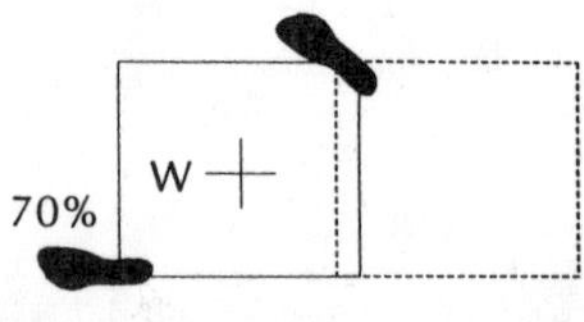

91
Streichen übers linke Knie und tiefer Schlag
Ausatmen

Den Vogel beim Schwanz fassen (92–93)

92 Es folgt nun zum dritten Mal der »Refrain«, wobei wir diesmal mit *Den Vogel beim Schwanz fassen* beginnen. Die Einleitung der Bewegung ist aber anders. Wir beginnen mit der vertrauten Gewichtsverlagerung auf das hintere Bein, also einem Absenken des Körpers, und der linke Fuß wird nach außen gedreht. Dann verlagern wir das ganze Gewicht auf das linke Bein. Lassen Sie die Taille mit einer leichten Drehung gegen den Uhrzeigersinn folgen. Heben Sie dann einen Ball auf, wobei Sie die rechte Hand herunternehmen, um den Ball von unten zu stützen.

92
Den Vogel beim Schwanz fassen
Einatmen

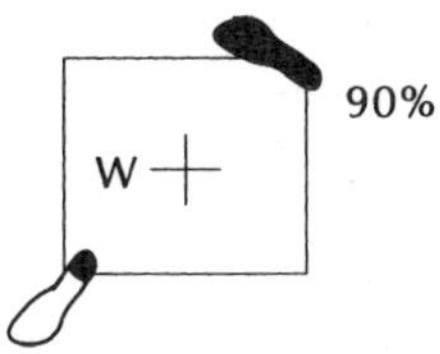

93 Machen Sie nun mit der rechten Ferse einen Schritt nach vorn und beugen Sie das Knie. Bringen Sie gleichzeitig die rechte Hand in Brusthöhe, wobei der Arm eine etwas schneidende Aufwärtsbewegung ausführt. Positionieren Sie die linke Hand so, dass die Finger auf die rechte Handfläche zeigen. Nachher bringen Sie den linken Fuß durch Drehen auf der Ferse in eine angenehme Stellung. Dieses Nachdrehen des hinteren Fußes sollten Sie immer praktizieren, nachdem Sie einen Vorwärtsschritt in einen breiten Stand gemacht haben. Wie leicht Ihnen das gelingt, hängt davon ab, wie gut Sie den Schritt vorbereitet haben – das heißt, wie weit Sie die hinteren Zehen vor dem Schritt gedreht haben.

93
Den Vogel beim Schwanz fassen
Ausatmen

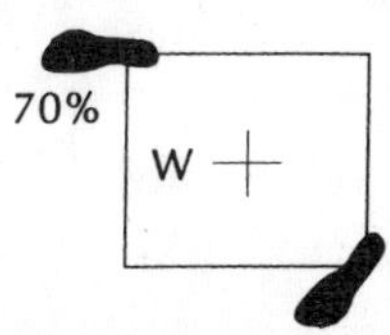

Zurückdrehen, Drücken, Trennen der Hände und Stoßen, einfache Peitsche

Fahren Sie mit dem Refrain fort und wiederholen Sie alle aufgeführten Bewegungen. Schauen Sie unter Position 13–23 oder bei der Überblick-Illustration am Ende des Buches nach. Die *einfache Peitsche* bringt Sie zum Abschluss des Refrains in einen breiten 70/30-Stand, mit dem Gesicht nach Osten. Von dort setzen wir unsere Anleitungen fort:

Vier Ecken (erste) (94–97)

94 Die *Vier Ecken* sind eine lange Sequenz, die sich aus vier separaten Bewegungen zusammensetzt. Sie ähneln einander, werden aber in unterschiedliche Richtungen ausgeführt. Die Richtung ist jedesmal diagonal, sodass jede Bewegung in einer »Ecke« eines Rechtecks endet. Um die erste Ecke anzusteuern, senken Sie das Gewicht aufs rechte Bein und drehen Ihren linken Fuß auf der Ferse etwas nach innen. Lassen Sie Ihre linke Hand sinken und führen Sie sie zur Körpermitte, wobei die Handfläche leicht nach oben zeigt.

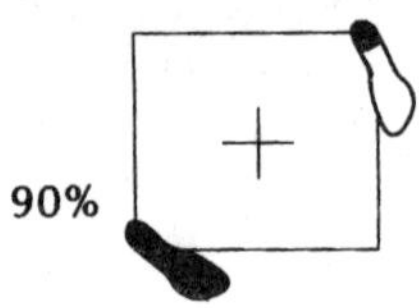

94
Vier Ecken (erste)
Einatmen

95 Entspannen Sie den rechten Ellbogen und lösen Sie den Kranichschnabel Ihrer rechten Hand auf. Verlagern Sie das Gewicht auf den linken Fuß und machen Sie einen kleinen Schritt mit dem rechten Bein, wobei Sie den Fuß mit der Ferse zuerst aufsetzen. Die Zehen zeigen nach Westen. Ihre Körpermitte dreht sich bei dieser Bewegung ganz von selbst nach Südwesten. Nun formt die linke Hand nicht ganz unter dem rechten Ellbogen eine Schale.

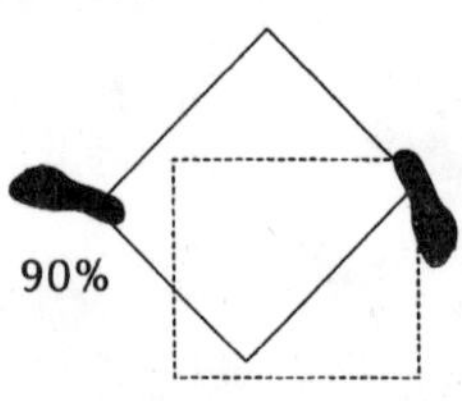

95
Vier Ecken (erste)
Ausatmen

96 Heben Sie den rechten Fuß und bereiten Sie einen Schritt nach Südwesten vor.
Bitte beachten: Achten Sie darauf, das Gewicht gut auf das linke Bein zu verlagern und den Körper ausreichend abzusenken. Das verleiht Ihnen einen festen Stand, was für die folgenden Bewegungen unbedingt erforderlich ist.

96
Vier Ecken (erste)
Einatmen

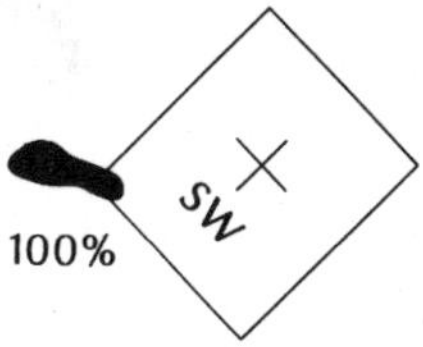

97 Setzen Sie den linken Fuß mit der Ferse zuerst im Südwesten auf. Während Sie das Knie beugen, führen Sie mit den Händen spiralförmige Bewegungen aus: Die linke Hand steigt bis auf Kopfhöhe und die rechte »schiebt« etwas vor- und aufwärts, bis in Brusthöhe. Die rechte Hand schwebt mittig vor der Brust, während die linke Hand sich weiter seitlich befindet. Während Sie das Gewicht nach vorn verlagern, dreht sich Ihre Taille wie von selbst mit der Bewegung mit. Kopf, Hüften und Schultern sind nun nach Südwesten gewendet, das linke Knie befindet sich über den linken Zehen.

97
Vier Ecken (erste)
Ausatmen

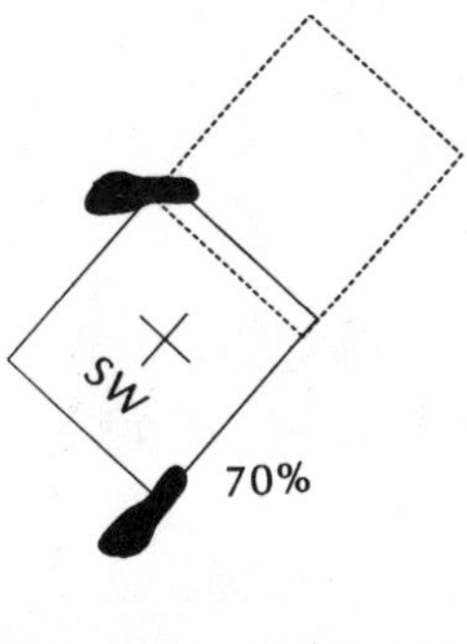

Vier Ecken (zweite) (98–101)

98 Um die zweite Ecke anzusteuern, müssen wir eine große Dreiviertel-Drehung nach Südosten ausführen, im Uhrzeigersinn. Beginnen Sie, indem Sie das Gewicht aufs hintere Bein verlagern; senken Sie den Körper und entspannen Sie sich. Holen Sie die Arme näher zum Körper und drehen Sie die Hände nach innen. Für die Handstellung in dieser Phase gibt es viele mögliche Variationen, aber in der Illustration sehen Sie, dass meine linke Handfläche meiner linken Schulter zugewandt ist. Die rechte Hand befindet sich vor der Körpermitte in Bauchhöhe. Die Handfläche zeigt nach oben, fast eine Schale unter dem linken Ellbogen formend. Drehen Sie in dieser Stellung, bei der fast das ganze Gewicht auf dem hinteren Bein ruht, den linken Fuß auf der Ferse so weit nach Norden, wie es sich angenehm anfühlt.

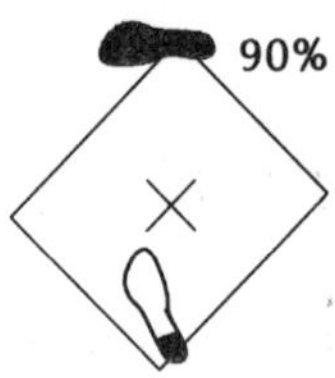

98
Vier Ecken (zweite)
Einatmen

99 Verlagern Sie Ihr Gewicht nun auf den linken Fuß, senken Sie den Körper und drehen Sie den rechten Fuß auf den Zehen, sodass auch er nach Norden zeigt. Diese Bewegung ist, wie die anderen der Vier-Ecken-Sequenz, sehr gut für unsere Knöchel. Es mag einige Zeit dauern, bis Sie beweglich genug sind, um die Drehungen geschmeidig und fließend ausführen zu können, aber die Mühe lohnt sich wirklich. Vergessen Sie nicht, vor dem Taiji die Aufwärmübungen auf Seite 29 ff. zu machen, um die Fußknöchel zu lockern.

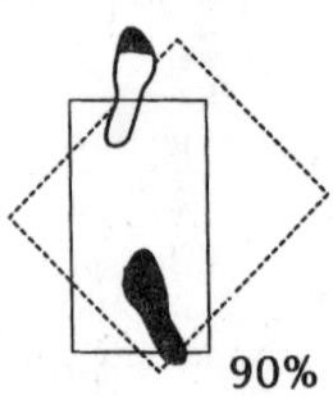

99
Vier Ecken (zweite)
Ausatmen

100 Ihr Gewicht ist nun ganz aufs linke Bein verlagert, und Sie bereiten sich auf einen Schritt nach Südosten vor, indem Sie schon einmal den Blick in diese Richtung lenken. Heben Sie den rechten Fuß und drehen Sie die rechte Hüfte nach außen, bereit, einen Schritt mit der rechten Ferse zu machen. Ihre Handflächen leiten eine spiralförmige Bewegung nach außen ein.

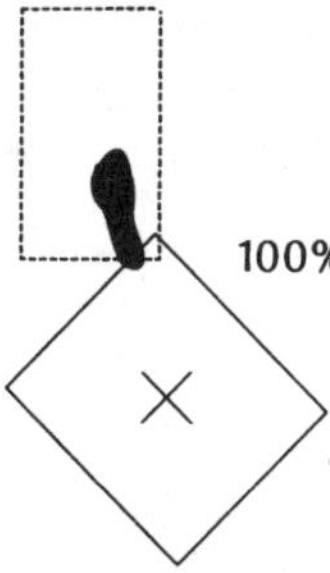

100
Vier Ecken (zweite)
Einatmen

101 Setzen Sie den rechten Fuß im Südosten ab, mit der Ferse zuerst, und verlagern Sie durch Beugen des Knies das Gewicht nach vorne. Korrigieren Sie sofort die Stellung des hinteren Fußes durch Drehen auf der Ferse, sodass das hintere Knie sich angenehm anfühlt. Gleichzeitig machen die Hände eine spiralförmige Bewegung, sodass die rechte Hand auf Kopfhöhe steigt, während die linke Hand etwas aufwärts und vorwärts »schiebt«, bis sie sich in Brusthöhe befindet. Die linke Hand schwebt nun mittig vor dem Körper, während die rechte Hand sich etwas seitlich befindet. Mit der Verlagerung des Gewichts nach vorne vollführt die Taille eine natürliche Drehbewegung hin zum vorderen Bein. Kopf, Hüften und Schultern sind nun nach Südosten gerichtet, das rechte Knie befindet sich über den rechten Zehen.

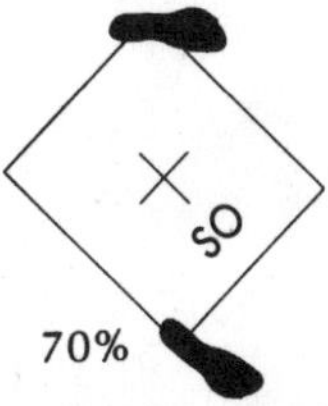

101
Vier Ecken (zweite)
Ausatmen

Vier Ecken (dritte) (102–105)

102 Die Schrittfolge bei der dritten Ecke ist etwas einfacher. Lassen Sie zuerst einmal den Körper aufs hintere Bein sinken und entspannen Sie die Hände, wobei sie sich leicht nach innen drehen. Die linke Hand formt eine Schale unter dem rechten Ellbogen, während die rechte Hand der linken Schulter zugewendet ist. Heben Sie den rechten Fuß und richten Sie den Blick nach Nordosten.

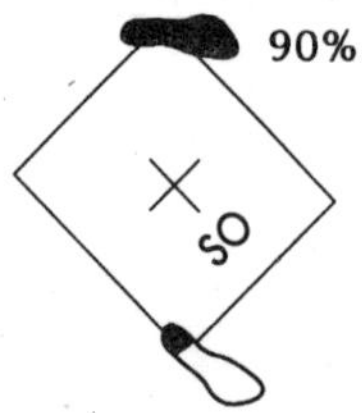

102
Vier Ecken (dritte)
Einatmen

103 Setzen Sie den rechten Fuß vor dem linken ab. Vielleicht fühlt es sich so an, als hätte der rechte Fuß buchstäblich einen Schritt über den linken hinweg gemacht, aber in Wirklichkeit wird er nur vor ihm abgesetzt. Achten Sie darauf, dass die Leistengegend dabei nicht zu sehr zusammengepreßt wird. Verlagern Sie nun den Schwerpunkt auf das rechte Bein. Diese Bewegung dehnt die Innenseite des Beines, besonders wenn Ihr rechter Fuß nach außen weist. Auch für das Hüftgelenk ist sie wohltuend. Übertreiben Sie es aber nicht und achten Sie darauf, dass die Füße nicht zu dicht beieinander stehen.

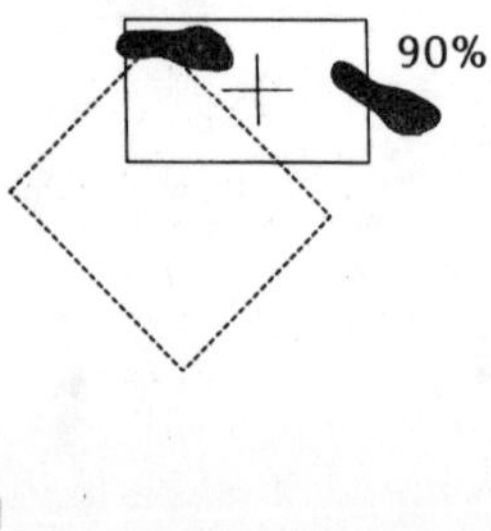

103
Vier Ecken (dritte)
Ausatmen

104 Beim nächsten Einatmen heben Sie den linken Fuß und bereiten Sie einen Schritt nach Nordosten vor. Verlagern Sie Ihr Gewicht dazu vollständig aufs rechte Bein.
Bitte beachten: Auch wenn die Arme und Ellbogen sich hierbei ziemlich dicht am Körper befinden, sollten Sie doch – wie immer – darauf achten, dass sie den Körper nicht berühren. Auch jetzt sollten die Arme ein wenig gerundet sein, damit Atem und Qi frei fließen können.

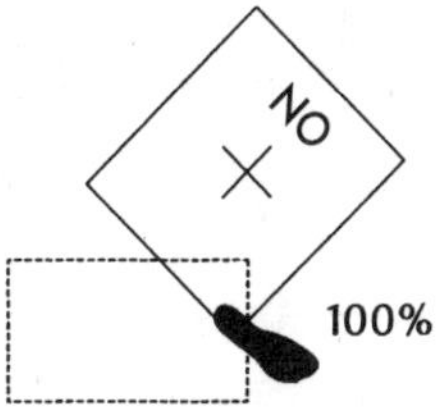

104
Vier Ecken (dritte)
Einatmen

105 Machen Sie nun mit dem linken Bein einen Schritt nach Nordosten, wobei Sie die Ferse zuerst aufsetzen. Verlagern Sie das Gewicht nach vorne und korrigieren Sie, wenn nötig, die Stellung des hinteren Fußes. Gleichzeitig vollziehen Sie wieder eine spiralförmige Bewegung mit den Händen. Die linke Hand wird auf Kopfhöhe geführt, während die rechte Hand bis auf Brusthöhe vorwärts und aufwärts stößt. Die rechte Hand schwebt nun mittig vor der Brust, die linke etwas seitlich. Mit der Verlagerung des Gewichts aufs vordere Bein dreht sich die Taille wie von selbst mit der Bewegung mit. Kopf, Hüften und Schultern sind nun nach Nordosten gerichtet, das linke Knie befindet sich über den linken Zehen.

105
Vier Ecken (dritte)
Ausatmen

Vier Ecken (vierte) (106–109)

106 Um die vierte und letzte Ecke anzusteuern, müssen Sie erneut eine Dreiviertel-Drehung bewältigen, im Uhrzeigersinn, sodass Sie die Sequenz im Nordwesten abschließen. Beginnen Sie also, indem Sie den Körper aufs hintere Bein sinken lassen und die Arme entspannen. Die Hände werden wieder leicht nach innen gedreht, und die rechte Hand formt eine Schale unter dem linken Ellbogen, während die linke Hand der rechten Schulter zugewendet ist. Wenn Sie das Gewicht ganz auf den hinteren Fuß verlagert haben, drehen Sie den linken Fuß auf der Ferse, bis seine Zehen so weit nach Süden zeigen, wie es Ihnen angenehm ist.

106
Vier Ecken (vierte)
Einatmen

107 Verlagern Sie das Gewicht auf den linken Fuß, senken Sie das Becken und drehen Sie dann den rechten Fuß auf den Zehen, sodass er ebenfalls in südliche Richtung weist.
Bitte beachten: Bewegungen, wie sie hier bei den *Vier Ecken* ausgeführt werden, helfen uns durch das Öffnen des Beckens und die Hüftdrehungen sehr dabei, Spannungen im Bereich des Unterbauchs und der Leisten zu lösen, wo sich häufig Energie aus emotionalen und tiefsitzenden psychologischen Konflikten anstaut.

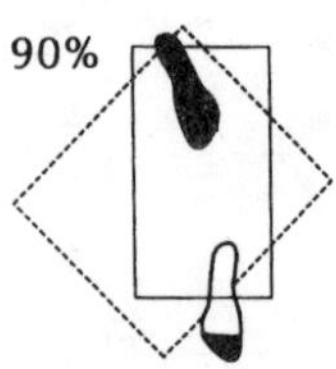

107
Vier Ecken (vierte)
Ausatmen

108 Atmen Sie ein und verlagern Sie das Gewicht vollständig auf den linken Fuß. Bereiten Sie sich auf einen Schritt nach Nordwesten vor, indem Sie in diese Richtung schauen. Heben Sie das rechte Bein und drehen Sie die rechte Hüfte nach außen. Achten Sie, ehe Sie den Fuß heben, auf einen stabilen Stand – lassen Sie sich dafür genug Zeit.

108
Vier Ecken (vierte)
Einatmen

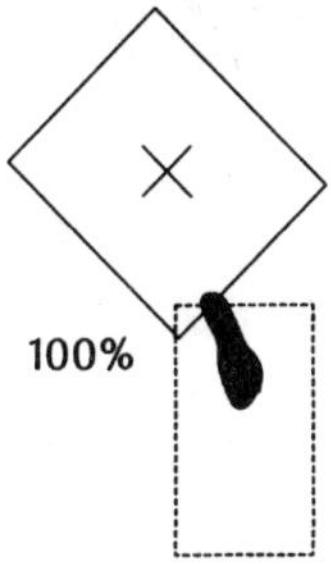

109 Setzen Sie nun den rechten Fuß im Nordwesten auf, mit der Ferse zuerst, und verlagern Sie das Gewicht nach vorne. Korrigieren Sie die Stellung des hinteren Fußes. Gleichzeitig vollführen die Hände wieder ihre spiralförmige Bewegung. Die rechte Hand wandert hoch bis auf Kopfhöhe, die linke Handfläche schiebt von der Körpermitte aus leicht vorwärts und aufwärts bis auf Brusthöhe. Die linke Hand schwebt mittig vor dem Körper, während die rechte sich etwas seitlich befindet. Während sich das Gewicht nach vorn verlagert, dreht sich die Taille ganz natürlich hin zum vorderen Bein. Kopf, Hüften und Schultern sind jetzt nach Nordwesten gerichtet.
Und damit ist die Vier-Ecken-Sequenz abgeschlossen.

109
Vier Ecken (vier)
Ausatmen

Abwehr nach links

Nach der vierten und letzten Ecke folgt ein Schritt mit der rechten Ferse nach Süden, und dann führen Sie die Abwehr nach links aus. Diese Bewegung kennen Sie bereits aus dem ersten Teil, schauen Sie also dort unter Position 10 nach, wie es gemacht wird. Der einzige Unterschied besteht darin, dass Sie dieses Mal aus einer etwas anderen Richtung kommen, statt aus Westen aus Nordwesten, aber das macht weiter nichts. Entspannen Sie einfach die Arme, senken Sie das Becken aufs hintere Bein und drehen Sie sich ein wenig auf der rechten Ferse. Verlagern Sie dann Ihr Gewicht ganz auf Ihr rechtes Bein und machen Sie einen Schritt nach Süden. Anschließend verfahren Sie genau, wie unter Position 10 beschrieben.

Den Vogel beim Schwanz fassen, Zurückdrehen, Drücken, Trennen der Hände und Stoßen, einfache Peitsche

Auf die Abwehr nach links folgt zum letzten Mal der Refrain. Er wird wieder ausgeführt wie unter Position 11–23 beschrieben, sodass Sie sich an seinem Ende in einem 70/30-Stand befinden, mit dem Gesicht nach Osten (*einfache Peitsche*).

Die Schlange kriecht herab

Nach dem Refrain wiederholen Sie einfach noch einmal *Die Schlange kriecht herab*, wie unter Position 71 und 72 beschrieben. Atmen Sie am höchsten Punkt der Bewegung ein, atmen Sie dann aus, während Sie den Körper absenken. Lösen Sie dann den Kranichschnabel auf, richten Sie sich auf, atmen Sie ein, drehen Sie den linken Fuß nach außen und bereiten Sie sich auf die nächste Bewegung vor.

Vorwärtsschritt zu den Sieben Sternen (110–111)

110 Nachdem Sie den linken Fuß nach außen gedreht und so für einen breiten, sicheren Stand gesorgt haben, heben Sie den rechten Fuß und bereiten sich auf einen Schritt nach Osten vor, und zwar in den schmalen Zehenstand. Ihre Hände steigen vor dem Körper, und die rechte beginnt, sich zu einer lockeren Faust zu ballen.

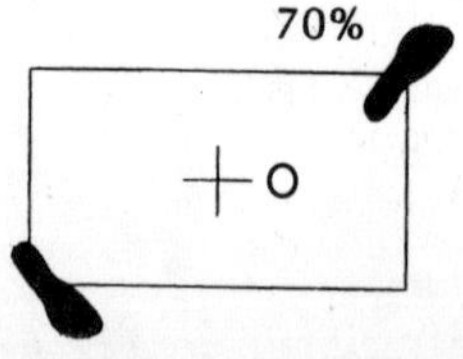

110 *Vorwärtsschritt zu den Sieben Sternen*
Einatmen

111 Formen Sie nun mit beiden Händen lockere Fäuste und machen Sie mit dem rechten Bein den Schritt in den schmalen Zehenstand. Dabei kreuzen sich Ihre Handgelenke, die rechte Hand außen, und werden so gedreht, dass die Finger zum Gesicht weisen. Diese Drehbewegung der Handgelenke unterstützt die Vorwärts- und Aufwärtsbewegung des Körpers auf sehr angenehme Weise. Es ist, als würde sich in dieser kleinen abschließenden Drehbewegung Ihre ganze Körperenergie konzentrieren.

111
Vorwärtsschritt zu den Sieben Sternen
Ausatmen

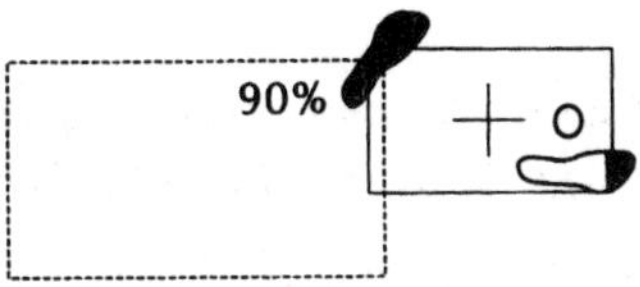

Rückwärtsschritt zum Reiten des Tigers (112–113)

112 Machen Sie mit dem rechten Fuß einen Rückwärtsschritt, bei dem Sie die Zehen zuerst aufsetzen. Verlagern Sie dann Ihr ganzes Gewicht auf den rechten Fuß. Gleichzeitig trennen sich die Hände, und die rechte Hand sinkt ein klein wenig, um dann spiralförmig seitlich hochzusteigen bis auf Kopfhöhe. Die Bewegung ähnelt ein wenig dem *Ausbreiten der Kranichschwingen*. Währenddessen senkt sich die linke Hand links vom Körper diagonal bis auf eine Position in Hüfthöhe. Während Sie das Gewicht auf den rechten Fuß verlagern, richten Sie den linken Fuß nach Osten aus, indem Sie ihn leicht anheben und dann wieder im schmalen Zehenstand absetzen. All das geschieht gleichzeitig mit der Einatmung.

112
Rückwärtsschritt zum Reiten des Tigers
Einatmen

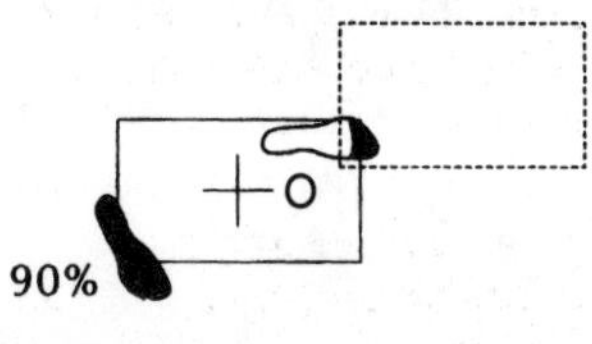

113 Die rechte Hand setzt ihre Bewegung fort und schwingt in einem weiten diagonalen Bogen herunter zur linken Hüfte, wo die linke Hand ein klein wenig ansteigt und ihr entgegenkommt. Drehen Sie dabei Ihre Taille ein wenig entgegen dem Uhrzeigersinn und lassen Sie die rechte Hand wirklich einen weiten Bogen beschreiben, bei dem Sie den Handrücken sehen können. So können sich die Armgelenke gut und frei drehen.

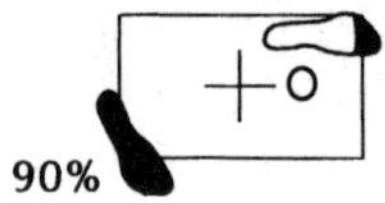

113
Rückwärtsschritt zum Reiten des Tigers
Ausatmen

Die Lotosblume (114–115)

114 Nun werden Sie eine Rechtsdrehung des Körpers um 360 Grad ausführen, wobei das linke Bein die Hälfte des Weges frei in der Luft schweben soll. Bereiten Sie sich auf diese Bewegung vor, indem Sie das Gewicht ganz aufs rechte Bein verlagern und den Körper absenken. Heben Sie dann den linken Fuß und strecken Sie das linke Bein etwas, wobei das Knie aber locker und gebeugt bleibt. Schwingen Sie nun den linken Fuß von Süden nach Westen, indem Sie den Schwung Ihrer Arme und der Taille zur Hilfe nehmen, während der ganze Körper sich auf dem Ballen des rechten Fußes entgegen dem Uhrzeigersinn dreht. Diese Drehung braucht, vor allem zu Anfang, viel Schwung, um sie auszuführen, ohne das Gleichgewicht zu verlieren. Aber Sie werden erstaunt sein, wie elegant sie Ihnen mit etwas Übung schließlich gelingen wird. Setzen Sie im Westen den linken Fuß mit der Ferse zuerst auf.

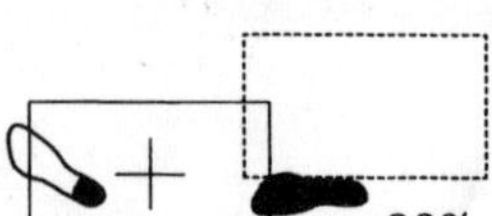

114
Die Lotosblume
Einatmen

115 Um die nächsten 180 Grad zu bewältigen, müssen Sie eine Kombination von Drehbewegungen auf Fersen und Zehen ausführen. In der Literatur finden sich unterschiedliche Angaben darüber, wie dies genau zu geschehen hat. Manche Leute benutzen die linke Ferse und die rechten Zehen, andere machen es genau umgekehrt! Am besten ist es, wenn Sie einfach tun, was für Sie am angenehmsten ist. Wenn Sie die erste Hälfte der Drehung fließend und ohne zu Schwanken absolviert haben, mit einem eleganten Schwingen des linken Fußes dicht über dem Boden, ist der Rest nur noch halb so schwer. Zum Abschluss ist Ihr Gesicht wieder nach Osten gekehrt, die Arme schweben parallel zum Boden, und der rechte Fuß ist vor dem linken aufgesetzt. Bereiten Sie einen Tritt vor, indem Sie den Körper aufs hintere Bein sinken lassen.

115
Die Lotosblume
Einatmen beenden

100%

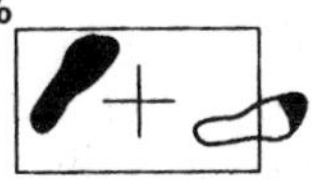

Bogenförmiger Tritt (116)

116 Führen Sie die Arme vor der Körpermitte ein Stück auf die rechte Seite und verlagern Sie das gesamte Gewicht auf den linken Fuß. Es folgt nun ein etwas ungewöhnlicher Tritt. Wäre er tatsächlich gegen irgendein Ziel gerichtet, würde nur die Außenkante des rechten Fußes auftreffen, weil die Hüfte das Bein in einem großen Bogen nach außen führt. Doch zunächst müssen Sie das Knie hochheben. Dann streckt sich das restliche Bein nach rechts. Die Arme kehren dabei in einer Gegenbewegung wieder vor die Körpermitte zurück.

116
Bogenförmiger Tritt
Ausatmen

100%

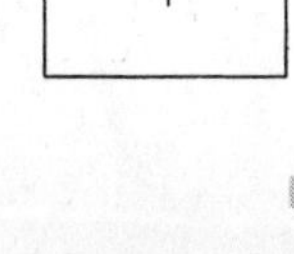

Absinken und übers Knie streichen (117–118)

117 Hierbei handelt es sich nicht um eine klassische Taiji-Bewegung, weswegen sie leider oft übereilt und achtlos ausgeführt wird. Ich halte sie aber für wichtig, weil sie nach der vorangegangenen, besonders dynamischen Bewegung die Entspannung fördert. Senken Sie als erstes das Schienbein und entspannen Sie die Handgelenke. Atmen Sie dabei ein, während der Fuß noch in der Luft bleibt. Falls Sie während des bogenförmigen Tritts vorübergehend Ihre »Verwurzelung« verloren haben, ist dies eine gute Gelegenheit, sie wiederherzustellen.

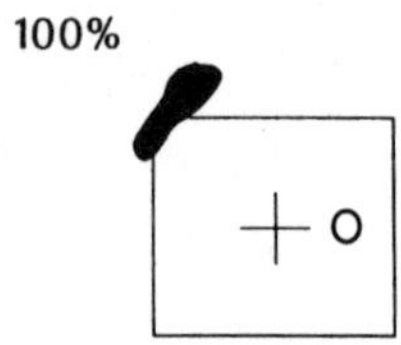

117
Absinken und übers Knie streichen
Einatmen

118 Mit dem nächsten Ausatmen setzen Sie den rechten Fuß ab, wobei die Zehen nach außen zeigen. Machen Sie mit den Armen eine kleine streichende Bewegung über das rechte Knie, während Sie gleichzeitig das Knie beugen und das Gewicht nach vorne verlagern. Lassen Sie die Körpermitte mit einer leichten Drehung im Uhrzeigersinn der Vorwärtsbewegung folgen. Entspannen Sie die Schultern. Versuchen Sie, sich eine energetische Verbindung zwischen Ihren Handflächen und dem Boden vorzustellen. Nun heißt es: sinken, sinken, sinken. Finden Sie Ihre Wurzeln.

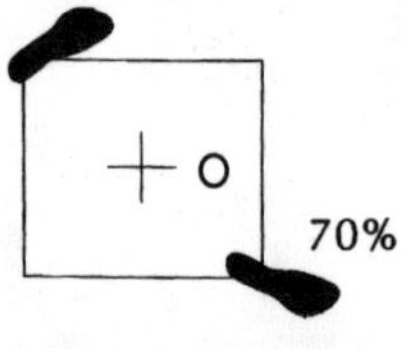

118
Absinken und übers Knie streichen
Ausatmen

Den Bogen spannen und auf den Tiger schießen (119–120)

119 Stellen Sie sich vor, dass Sie einen großen Stab oder Bogen in den Händen halten. Machen Sie, mit anderen Worten, relativ nah über dem rechten Oberschenkel zwei lockere Fäuste. Dann führen Sie die rechte Faust mit nach innen zeigenden Knöcheln in einem großen Halbkreis hinauf in Kopfhöhe so, als wollten Sie das eine Ende des Bogens in die Erde stoßen.

119
Den Bogen spannen und auf den Tiger schießen
Einatmen

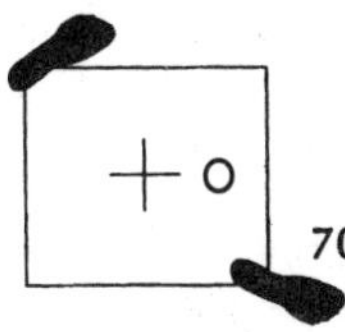

70%

120 Die rechte Hand wird nun etwas zurückgenommen, während die linke Faust in Bauchhöhe vorgestreckt wird. Danach verlagert sich das Gewicht vollständig nach vorn, sodass der hintere Fuß tatsächlich für einen Moment vom Boden abhebt, während die Taille sich mit den Armbewegungen mitdreht. Sie können den linken Fuß näher zum rechten Fuß holen, aber nicht zu weit. Bei dieser Bewegung kann es leicht geschehen, dass der Körper sich vornüber neigt oder die Schultern angehoben oder angespannt werden. Daher ist es wichtig, die Haltung genau zu kontrollieren, damit die Schultern nicht hochgenommen werden - besonders auf der rechten Seite. Beide Schultern sollen entspannt und auf gleicher Höhe sein.

120
Den Bogen spannen und auf den Tiger schießen
Ausatmen

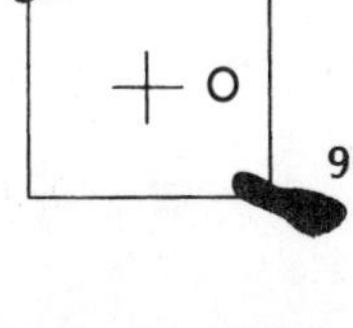

90%

Vorwärtsschritt, parieren und schlagen (121–124)

121 Diese Sequenz kennen wir bereits vom Ende des ersten Teils. Hier benutzen wir sie erneut, um die gesamte Form damit abzuschließen – der einzige Unterschied besteht darin, dass im ersten Teil mit dem linken Bein vorn begonnen wurde, wohingegen sich jetzt das rechte Bein vorn befindet. Im Übergang von der letzten Bewegung her wird der linke Fuß fest aufgesetzt, gleichzeitig sinken die Arme und die linke Faust öffnet sich. Führen Sie währenddessen die rechte Faust in einer spiralförmigen Bewegung hinunter zur linken Hüfte und verlagern Sie Ihr Gewicht aufs linke Bein.

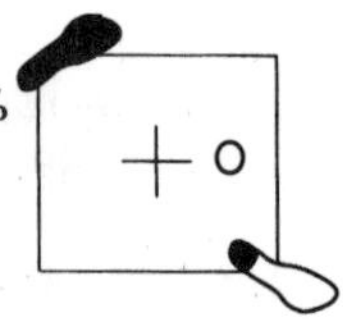

121
Vorwärtsschritt, parieren und schlagen
Einatmen

122 Heben Sie den rechten Fuß und drehen Sie ihn so, dass die Zehen fast genau nach Süden zeigen und ein ziemlich großer Winkel zum linken Fuß entsteht, setzen Sie ihn dann ungefähr an der gleichen Stelle wie vorher wieder auf. Beugen Sie das rechte Knie und verlagern Sie das Gewicht nach vorn. Gleichzeitig »schwingen« Sie die Faust hinüber zur rechten Hüfte, sodass die Innenseite der Faust schlagbereit nach oben zeigt. Die Taille wird sich dabei ganz von selbst ein Stück im Uhrzeigersinn drehen. Die linke Hand bleibt gesenkt und entspannt. Sollten Sie spüren, dass sie der rechten Faust folgen möchte, lassen Sie sie ein Stück zur Körpermitte wandern.

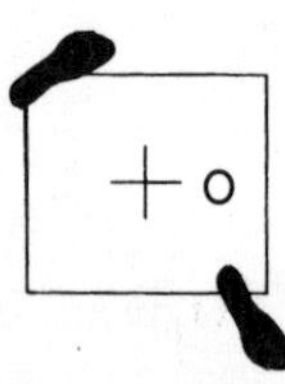

122
Vorwärtsschritt, parieren und schlagen
Ausatmen

123 Heben Sie den linken Fuß und beginnen Sie mit einem Vorwärtsschritt. Halten Sie die linke Hand entspannt, die rechte Faust schwebt schlagbereit neben der Hüfte. Versuchen Sie, die linke Fußspitze etwas nach innen zu drehen, ehe Sie den Schritt nach Osten machen. Wie wir schon beim Üben dieser Sequenz im ersten Teil sahen, ist es hilfreich, die rechte Fußspitze in einem großzügigen Winkel nach außen zu drehen. Das versetzt Sie in die Lage, den Fuß auf der Ferse zu drehen, und Sie können sich mit der Körpermitte in die folgende Bewegung »hineinwenden«.

123
Vorwärtsschritt, parieren und schlagen
Einatmen

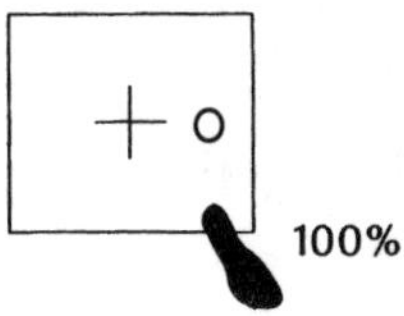

124 Setzen Sie nun den linken Fuß mit der Ferse zuerst auf und beugen Sie das linke Knie. Die Fußspitze zeigt nach Osten. Gleichzeitig, oder vielleicht sogar ein klein wenig früher, »parieren« Sie mit dem linken Arm oder, anders ausgedrückt, heben Sie den Unterarm in eine fast senkrechte Position, als wollten Sie einen Stoß abfangen und ablenken. Führen Sie dann sehr langsam einen Schlag in Richtung Osten aus. Der Bewegungsablauf ist mit dem Parieren und Schlagen im ersten Teil der Form identisch, schlagen Sie also zum Vergleich unter Position 37 nach. Denken Sie daran, dass die Faust während des Schlages eine halbe Drehung machen soll.

124
Vorwärtsschritt, parieren und schlagen
Ausatmen

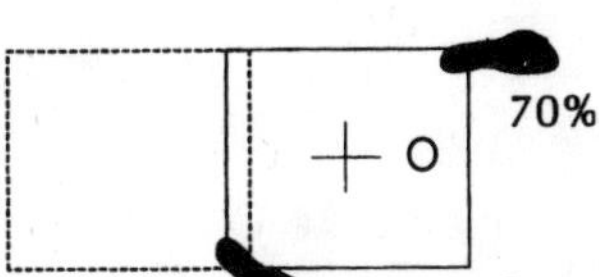

Den Arm öffnen und stoßen

Hier handelt es sich um eine Wiederholung der unter Position 38–40 beschriebenen Sequenz

Abschluss der Form

Nach dem Öffnen des Armes und Stoßen drehen Sie sich einfach wieder nach Süden, um die Form abzuschließen – und zwar genauso, wie Sie auch den ersten Teil beendet haben. Um Ihnen das zu erleichtern, finden Sie hier noch einmal die entsprechenden Illustrationen.
Wenn Sie alles richtig gemacht haben, müssten Ihre Füße sich nun mehr oder weniger an der gleichen Stelle befinden wie zu Beginn, wodurch die zyklische Natur der Taiji-Form deutlich wird. Bleiben Sie noch einen Moment im schulterbreiten Stand, einfach um sich zu entspannen. Spüren Sie den Empfindungen im Körper nach. Stellen Sie sich vor, dass Ihre Füße fest im Boden wurzeln, und bewahren Sie gleichzeitig das Gefühl, dass Ihr Körper von oben gehalten wird, mit aufgerichteter und doch völlig entspannter Wirbelsäule. Atmen Sie ein paarmal tief in den Unterbauch hinein.

»Siegen hat ausschließlich etwas damit zu tun,
wie gut man sich innerlich fühlt.«

E. M. HASS

6 Vertiefung

Zusätzliche Anmerkungen zu einigen Bewegungen

Eröffnung

Die hier geforderte gleichmäßige Gewichtsverteilung zwischen den beiden schulterbreit stehenden Füßen kommt während der eigentlichen Form kaum vor. Sie gilt nicht als starker, sicherer Stand und findet sich nur am Anfang und zum Abschluss.
Die Eröffnungssequenz ist natürlich eine relativ einfache Bewegung, beinhaltet aber viele wichtige Prinzipien. Zum Beispiel ist es ganz entscheidend, dass Ihre Schultern entspannt bleiben, während Sie die Arme anheben. Denken Sie auch daran, wie sich die Atmung in den Auf- und Ab- und Vor- und Zurück-Bewegungen der Arme und Hände widerspiegelt: Gleich hier zu Beginn finden wir Yang und Yin. Auch lernen Sie sogleich das typische Schrittmuster kennen - das heißt, Sie verlagern das Gewicht auf das »tragende« Bein, machen mit dem entlasteten, »leeren« Fuß einen Schritt und korrigieren zum Abschluss des Schritts die Stellung des anderen Fußes (Positionen 1 und 2). Dieses Muster - *1. Gewichtsverlagerung (»Leeren« des Beines, das den Schritt ausführt) 2. Schritt 3. Korrigieren* - bildet die Basis nahezu aller Bewegungen, die Sie in dieser oder irgendeiner anderen Taiji-Form kennenlernen werden.

Rechtsdrehung

Wenn es Ihnen gelingt, die rechte Fußspitze in einen 90°-Winkel zur linken Ferse zu bringen, ist das großartig! Aber machen Sie sich keine Sorgen, wenn Sie das nicht schaffen. Manche Menschen spüren, dass sich ihr linkes Knie verspannt, wenn Sie versuchen, den Fuß so weit zu drehen, und eine solche Verspannung ist eindeutig kontraproduktiv. Bei all diesen Bewegungen gilt - besonders während der ersten Übungstage, wenn Ihr Körper sich erst einmal auf die neuen Anforderungen einstellen muss -, dass Sie behutsam vorgehen und sich nicht überfordern sollten.

Abwehr nach links

Das ist eine starke, kraftvolle Position. Große Taiji-Meister benutzen Sie, um die Wirkung einer guten Verwurzelung zu demonstrieren - mehrere bedauernswerte Schüler müssen sich hintereinander aufstellen und gemeinsam mit aller Kraft versuchen, den Arm des Meisters herunterzudrücken, der sich jedoch kein Stück bewegen lässt. Überraschenderweise können die meisten von uns mit ein wenig Übung Ähnliches bewerkstelligen, wenn auch natürlich in etwas bescheidenerem Rahmen. Versuchen Sie es mit nur einem Partner, der gegen Ihren Arm drückt. Experimentieren Sie mit Ihrer Beinstellung, bis Sie eine Position gefunden haben, bei der der Druck hinunter in den Boden abgelenkt wird.

Den Vogel beim Schwanz fassen

Wir haben es hier mit einer vollständigen Bewegungsfolge zu tun, die traditionell den Titel *Den Vogel beim Schwanz fassen* trägt, oder manchmal auch *Den Sperling beim Schwanz fassen*. Diese hier wird zum Beispiel *Den Vogel beim Schwanz fassen, Abwehr nach rechts* genannt, während auch die vorangegangene Bewegung und die nachfolgenden (*Zurückdrehen* und *Drücken*) unter diesem Oberbegriff zusammengefasst werden - was doch ziemlich verwirrend erscheint. In meinem Unterricht beschränke ich die Bezeichnung *Den Vogel beim Schwanz fassen* daher nur auf diese eine Bewegung, bei der es aussieht, als ob die rechte Hand den Hals des Vogels hält, während die linke seine langen Schwanzfedern glattstreicht.

Zurückdrehen

Das ist eine der wenigen Yin-Bewegungen, die einen eigenen Namen besitzen. Wie alle Yin-Teile der Form dauert das Zurückdrehen nur eine einzige Einatmung lang, aber nehmen Sie sich trotzdem genug Zeit dafür. Es ist eine sehr schöne Bewegung, und man hat dabei das großartige Gefühl, dass die Energie wieder nach innen zurückfließt. Führen Sie das Drehen der Hände sehr sanft aus, sodass die linke Handfläche dicht am rechten Unterarm vorbeigleitet, während Sie das Gewicht langsam nach hinten verlagern.

Drücken

Auch wenn es bei oberflächlichem Zusehen den Anschein hat, als würden die Hände und Arme hierbei die größte Arbeit leisten, bewegen sie sich in Wahrheit gar nicht so sehr. Die Bewegung entsteht vor allem durch die Drehung der Taille, zuerst nach Süden und dann wieder zurück nach Westen. Die Arme bleiben entspannt und folgen einfach der Bewegung des Körpers.

Die Hände trennen und stoßen

Ein verbreiteter Fehler beim Einleiten dieser Bewegung besteht darin, sich zu weit nach hinten zu lehnen, als würde man erschrocken vor irgendetwas zurückweichen. Das kann geradezu komisch aussehen. Vermeiden Sie es also nach Möglichkeit. Wenn nötig, stellen Sie sich vor einen Spiegel, um zu kontrollieren, ob Ihre Wirbelsäule senkrecht bleibt wie ein an einem Faden aufgehängtes Rohr.

Bitte beachten: Bei allen Bewegungen vom *Fassen des Vogelschwanzes* bis zum *Stoßen* bleiben beide Füße fest aufgesetzt. Widerstehen Sie der Versuchung, die Zehen des rechten Fußes anzuheben, wenn Sie das Gewicht zurück nach hinten verlagern. Es ist erstaunlich, wie viele Schüler damit Probleme haben. Wenn Sie nicht zum Äußersten greifen und Ihre Schuhe am Boden festnageln wollen, bleibt Ihnen nur eine Möglichkeit: beständiges Üben und Selbstbeobachtung – und vielleicht sollten Sie regelmäßig Ihre Knie und Knöchel massieren, um Spannungen in diesem Bereich zu lösen.

Einfache Peitsche

Es gibt zahlreiche Gründe dafür, das Nach-innen-Drehen der Fußspitzen wirklich zu üben. Dadurch wird die Verwurzelung der Füße angeregt, und Sie lernen, die Knie nicht einknicken zu lassen, wenn Sie das Gewicht von einer Seite zur anderen verlagern. Üben Sie also, bis die Bewegung sich gut anfühlt.

In Position 20 wird der rechte Unterarm horizontal vor der Brust hergeführt, wobei der Ellbogen nach Westen weist. Als Gegenbewegung dazu schwingt sich die linke Hand in einem eleganten Bogen hinunter zur linken Hüfte. Vielleicht hilft es, wenn Sie sich vorstellen, sie würden mit der Hand ein Häufchen Sand aufnehmen. Wenn die Hand dann angehoben wird und sich spiralförmig nach Osten dreht, um die Bewegung abzuschließen (Position 22 und 23), lassen Sie den Sand langsam herabrieseln. Das kann mit einem Gefühl der Befreiung einhergehen, als würde eine zusammengedrückte Spiralfeder plötzlich freigegeben - eine sehr ausdehnende Yang-Bewegung. Genießen Sie es!

Am Ende der Bewegung sollte die Haltung des linken Arms und der linken Hand entspannt sein. Im Profil sieht diese Haltung ein bisschen wie die Tülle einer altmodischen Teekanne aus. Bitte keine Spannung in Handgelenk, Ellbogen oder Fingern. Lassen Sie die Arme »schweben«.

Gitarre spielen

Die Musiker unter Ihnen, die tatsächlich Gitarre spielen, haben vermutlich längst bemerkt, dass diese Bewegung nun wirklich keinerlei Ähnlichkeit mit der Haltung hat, die man beim Spielen einer echten Gitarre einnimmt. Zweifellos ist bei der Übersetzung aus dem Chinesischen etwas verlorengegangen. Vermutlich gibt es ein chinesisches Instrument, das, wenn man es mit einem Bogen spielt, solche Armbewegungen erforderlich macht, aber ganz sicher handelt es sich dabei nicht um eine Gitarre. (*Anm. d. Übers.*: In der deutschsprachigen Taiji-Literatur findet sich auch die Bezeichnung *Die Laute spielen.*)

Ziehen und Schulterschritt

Am Ende dieser Bewegung machen viele Übende den Fehler, sich bei der Drehung des Körpers vorzubeugen. Das führt zu einer ziemlich unbequemen, verbogenen Haltung, die den Fluss des Qi behindert. Denken Sie auch hier wieder an das senkrecht aufgehängte Rohr und halten Sie die Wirbelsäule aufrecht! Übrigens bleibt der Blick weiterhin nach Süden gerichtet, obgleich der Körper sich zum Abschluss der Bewegung nach Südosten dreht. Dadurch erhält man die Gelegenheit, die Augenmuskulatur ebenso zu trainieren wie alle anderen Körperpartien. Man sieht, dass Taiji wirklich auf den ganzen Körper einwirkt.

Der Kranich breitet seine Schwingen aus

Der Kranich genießt in der asiatischen Kultur und Mythologie seit jeher große Wertschätzung und Verehrung. In ihm vereinen sich zwei Qualitäten, die von Menschen jeden Alters stets bewundert wurden - Stärke und Anmut. Diese Bewegung gehört bei vielen Taiji-Übenden zu den absoluten Favoriten. Oft kann man an der Art ihrer Ausführung ablesen, wie weit es dem Schüler bereits gelungen ist, diese beiden oft miteinander in Konflikt stehenden Qualitäten in sein Leben einzufügen.
Bitte beachten: Obwohl es für die linke Hand zu Beginn der Bewegung scheinbar nicht viel zu tun gibt, sollte sie nicht einfach leblos an Ihrer Seite herabhängen. Beim Taiji sind Ihre Hände und Füße niemals wirklich leer. Führen Sie sich immer wieder das Taiji T'u-Symbol vor Augen, bei dem sich tief im Inneren des Yin die kleinen Samenkörner des Yang befinden, immer bereit, sich in etwas Größeres zu verwandeln.

Streichen übers linke Knie und stoßen

Bei dieser Bewegung passiert ziemlich viel gleichzeitig. Einer meiner Lehrer verglich sie einmal mit einem Kinderspiel, bei dem die Kinder aufgefordert werden, sich gleichzeitig auf den Kopf zu klopfen und den Bauch zu reiben. Dazu braucht man eine gute Körper-Koordination. Aber schließlich ist das eine der Qualitäten, die Sie mit Hilfe des Taiji entwickeln möchten. Üben Sie also beharrlich. Schlagen Sie auch einmal unter Position 87 nach: Dort wird die gleiche Bewegung wiederholt, aber in westlicher Richtung, sodass man sie von der anderen Seite sieht. Beachten Sie, dass die linke Hand etwas oberhalb des linken Oberschenkels schwebt. Lassen Sie sie nicht nach hinten fallen.

Vorwärtsschritt, parieren und schlagen

Die Taiji-Faust ist weich, die Finger sind locker gekrümmt, nicht fest zusammengeballt. In dieser Faust liegt keinerlei Wut, und sie schlägt auch nicht wirklich zu. Vielmehr dient sie als Demonstration von Willenskraft und Selbstvertrauen. Idealerweise berühren sich nur der Daumen und das erste Glied des Zeigefingers. Wer Yoga übt, wird darin ein *Mudra* erkennen, mit dem sich Energie bündeln und konzentrieren lässt.

Während des Vorwärtsschritts (siehe Position 35–36) kann der linke Arm tief und entspannt gehalten werden. Ich glaube, dass Chen Man Ch'ing in seinen späteren Jahren die Bewegung auf diese Weise unterrichtete. Wenn Sie aber das Gefühl haben, dass die linke Hand ein wenig der rechten folgen möchte, vielleicht in Richtung Körpermitte, lassen Sie das ruhig zu. Manche Leute führen die linke Hand in einem weiten Bogen von hinten links bis vor die Körpermitte (wie in der traditionellen langen Taiji-Form), aber für die Art von Taiji, die hier in diesem Buch demonstriert wird, ist das nicht notwendig.

Während des eigentlichen Schlages macht Ihre Faust eine halbe Drehung. Anfangs zeigt die Innenseite nach oben, doch auf halbem Weg dreht sie sich, sodass sich am Ende die Daumenseite oben befindet. Wenn möglich sollten Sie den rechten Fuß etwas auf der Ferse drehen, damit der ganze Körper »mitgeht«, wenn Ihr Gewicht den Schlag vorwärts trägt.

Diagonaler Refrain (Zurückdrehen, Drücken, Trennen der Hände und Stoßen, einfache Peitsche)

Dafür, dass wir die Sache durch die diagonale Ausführung zusätzlich erschweren, gibt es vor allem zwei Gründe: Der erste ist ein historischer, mit dem den neun Richtungen des taoistischen Weltbildes Referenz erwiesen wird - den vier Hauptrichtungen des Kompasses, den vier Zwischenrichtungen und der Mitte, wie sie im *I Ching*, dem Buch der Wandlungen, beschrieben sind. Jeder Richtung sind bestimmte philosophische Bedeutungen zugeordnet, und gemäß einer der ältesten dieser Zuordnungen gilt der Nordwesten als die Richtung des »Berges«, des Spätherbstes, der Erholung und Stille.

Der zweite Grund ist rein praktischer Natur. Bis zu diesem Punkt konnten Sie Ihre Umgebung benutzen, um sich zu orientieren - beispielsweise Ihre Fußstellung an den Zimmerwänden ausrichten. Nun werden Sie dazu gezwungen, sich an der eigenen Körpermitte als ausschließlichem Bezugspunkt zu orientieren. Diese größere Selbstbewusstheit und die Fähigkeit, die eigenen Grenzen klar zu erkennen, sind von großem Wert.

Mit dieser ersten Wiederholung des *Refrains* kommen Sie in der Taiji-Form ein großes Stück voran, ohne viel Neues dazulernen zu müssen. Während Sie sich mit der diagonalen Bewegungsrichtung vertraut machen, sollten Sie aber immer wieder Ihre Fußstellung ehrlich überprüfen: Bleiben die Füße wirklich auf Schulterlinie? Taiji fordert Sie stets aufs Neue heraus. Sobald Sie glauben, alles ganz wunderbar zu machen, und Ihr Ego sich zu einem Höhenflug aufschwingt, stellt sich Ihnen meist rasch etwas in den Weg - nicht als lästiges Hindernis, das beseitigt werden muss, sondern als neue Herausforderung, die es zu meistern gilt. Die diagonale Bewegungsrichtung ist eine solche Herausforderung.

Den Affen abwehren

Obgleich das Fuß-Diagramm einen breiten Stand zeigt, werden Sie in der Praxis möglicherweise feststellen, dass Ihr Rückwärtsschritt ziemlich schmal ausfällt. Das ist in Ordnung, solange der Schritt nicht so schmal wird, dass Sie Probleme mit dem Gleichgewicht bekommen. Cheng Man Ch'ing riet sogar, dass die Füße beim Rückwärtsschritt parallel aufgesetzt werden sollten - was Anfängern nicht leichtfällt. Probieren Sie es aber ruhig einmal aus. Beim Hinunterführen der Hand auf Hüfthöhe sollten Sie beachten, dass der Ellbogen ausreichend vom Körper absteht. Stellen Sie sich vor,

Sie hätten sich eine aufgerollte Decke unter den Arm geklemmt – so viel Abstand soll zwischen Rippen und Ellbogen sein. Gönnen Sie sich genug Freiraum zum Atmen.
Bei der Affen-Sequenz sollte sich der Körper tüchtig bewegen – drehen Sie jedesmal die Taille, um das großzügige Zurückschwingen des Armes zu unterstützen. Ahmen Sie einen Affen nach, der sich durchs Geäst schwingt. Die Handgelenke bleiben die ganze Zeit über entspannt. Folgen Sie der Kreisbewegung Ihrer Handfläche mit den Augen. Der Affe wird nicht kommen, um sich das Futter zu holen, wenn er glaubt, dass Sie ihn anschauen. Schauen Sie also auf Ihre andere Hand, die nach hinten zur Schulter wandert. Beachten Sie aber dabei, dass sich der Kopf nicht stark bewegen soll. Drehen Sie einfach die Taille und lassen Sie die Augen wandern. Diese sanfte Übung wird Ihnen gut tun.

Diagonales Fliegen

Wenn wir weiterhin beim Bild des Affen bleiben, könnte man sagen, dass Sie nun den Affen hochheben und wieder auf den Baum setzen. Die rechte Hand, deren Handfläche nach oben gedreht ist, scheint etwas »darzubieten«. Auch erinnert die ganze Bewegung, ähnlich wie bei der einfachen Peitsche, an eine sich zusammenziehende und wieder ausdehnende Feder, also eine fortschreitende Zusammenziehung (Yin), die sich in ihr Gegenteil, eine Ausdehnung (Yang), verkehrt. Diese Bewegung stärkt die Körpermitte und hilft, Blockaden im Unterbauch und der Brust zu lösen.

Wolkenhände

Nach dem Heranziehen des rechten Fußes (Position 62) sollten die Füße *nicht näher* als schulterbreit stehen. Hier wird oft der Fehler gemacht, den Fuß zu weit heranzuziehen, sodass der Stand instabil und unsicher wird. Der Erfolg dieses Manövers hängt davon ab, ob Sie vorher für genügend Bewegungsspielraum gesorgt haben: In Position 58 soll der linke Fuß in ausreichendem Abstand – mindestens eineinhalb Schulterbreiten – zum rechten aufgesetzt werden.
Der Schritt geht dem Stellungswechsel der Hände nur um einen kleinen Augenblick voraus. Wie immer spiegeln die Arme die Be-

wegung von Taille und Körpermitte wider. Die Hände folgen der Drehung des Körpers, und nicht umgekehrt. Prägen Sie sich ein: »Schritt und Wechsel - Schritt und Wechsel«, um die richtige Reihenfolge einzuhalten. Wenn Sie die Füße wirklich parallel halten, werden Sie spüren, wie jedes Gelenk des Körpers sanft bewegt und innerlich »massiert« wird - Zehen, Knöchel, Knie und Hüften, Wirbelsäule, Schultern, Ellbogen und Finger, alles ist beteiligt. Sie brauchen allerdings einige Koordination und Übung, bis die Sache wirklich gut funktioniert. Anfangs scheint ziemlich viel Kopfarbeit nötig zu sein, daher folgen jetzt ein paar Tipps, wie Sie sich die Bewegungsabläufe besser einprägen können:

Drehen Sie bei den *Wolkenhänden* die Taille immer in Richtung des oberen Armes. Dann, unmittelbar bevor Sie die Stellung der Hände wechseln, ziehen Sie das Bein, von dem Sie sich abgewendet haben, in den schulterbreiten Stand heran. Während der Lernphase bemühen wir uns sehr, diese Bewegungen möglichst präzise auszuführen, doch wenn Sie sich mit der Zeit etwas lockerer und freier fühlen, werden Sie sich stärker dem harmonischen Fließen des Körpers anvertrauen. Hier sind zwei ziemlich unterschiedliche Metaphern, die Ihnen helfen, sich die Bewegung der Hände zu vergegenwärtigen. Stellen Sie sich vor, dass die obere Hand abwärts »streicht«, als würden Sie damit die Nase eines Ponys oder irgend eines Pelztiers streicheln. *Ganz sanft.* Stellen Sie sich gleichzeitig vor, dass die Finger der unteren Hand in einem mit einer klebrigen Masse (Leim oder Honig) gefüllten Topf stecken. Wenn Sie die Finger hochheben, bleiben klebrige Fäden an ihnen hängen.

Das mag seltsam klingen, fördert aber eine gewisse Weichheit in den Händen und ist oft eine große Hilfe, um zu einem tieferen Verständnis der Bewegung zu gelangen. Am Anfang kommt es aber vor allem darauf an, dass Sie die Anleitungen für die Hände möglichst genau befolgen.

Die Schlange kriecht herab

Die meisten westlichen Schüler finden diese Sequenz besonders schwierig, was vor allem daran liegt, dass sie sich viel zu sehr anstrengen. Nur durch geduldiges tägliches Üben kann man nach vielen Jahren die Beweglichkeit und Anmut chinesischer Meister erreichen. Senken Sie daher am Anfang das Becken nicht zu tief hinunter. Die positive Wirkung dieser Bewegung stellt sich auch schon bei einer weniger tiefen Position ein. Folgendes sollten Sie beachten:

1 Halten Sie den Rücken so gerade wie möglich - beugen Sie sich nicht zusätzlich vor, nur um ein paar Zentimeter tiefer hinunter zu kommen. Die leichte Senkung des Brustkorbes auf die Leber hat eine positive Wirkung auf dieses lebenswichtige Organ, das ungefähr fünfhundert verschiedene chemische Funktionen in unserem Körper ausführt.

2 Achten Sie darauf, dass Sie beim Senken des Beckens die linke Fußspitze nach innen drehen und dann den Fuß wieder nach vorn ausrichten, wenn Sie die Hand vor den Körper führen. Dadurch werden mehrere wichtige Akupunkturpunkte an der Innenseite der Ferse angeregt, die in Verbindung zu Ihrem Nieren-Qi stehen.

3 Außerdem sollte das Gewicht die ganze Zeit auf dem rechten Bein ruhen. Auch wenn die Hand nach vorn geführt wird, bleibt das Gewicht hinten. Um dies zu ermöglichen, halten Sie das rechte Knie genau über der rechten Ferse.

Goldfasan

Bei dieser Sequenz geht es vor allem um eine fließende und ruckfreie Verlagerung von Gewicht und Energie. Deshalb genügt es nicht, einfach das eine Bein abzusetzen und dann das andere anzuheben. Sie müssen erst ganz bewusst das rechte Bein sinken lassen, ehe Sie das linke steigen lassen. Denken Sie außerdem an das Taiji T'u-Symbol und bewahren Sie auch in der passiveren der beiden Hände einen Teil der Energie. Lassen Sie sie nicht einfach leblos herabhängen, während Sie sich auf die andere Körperseite konzentrieren. Stellen Sie sich stattdessen eine energetische Verbindung zwischen Ihrer unteren Hand und dem Boden vor. Die Finger der oberen Hand sind dicht beieinander, ohne sich zu berühren. Der Blick ist nach vorn gerichtet. Schauen Sie nicht nach unten. Das wird Ihnen helfen, das Gleichgewicht zu halten. Zu guter Letzt: Bleiben Sie *locker* - krümmen und verkrampfen Sie Ihre Schultern nicht, und heben Sie das Knie nur so weit an, wie es sich angenehm anfühlt. Akzeptieren Sie Ihre momentanen Grenzen und vertrauen Sie darauf, dass sich Ihr Gleichgewichtssinn allmählich verbessern wird.

Das Pferd streicheln (links und rechts)

Beachten Sie bitte, dass das Streicheln nach links nicht einfach eine spiegelbildliche Version des Streichelns nach rechts darstellt. Bei beiden Bewegungen befindet sich am Ende das rechte Bein etwas vor dem linken, und die Körpermitte wird während des Streichelns in beiden Fällen etwas zum vorderen Bein gedreht, also im Uhrzeigersinn.

Zehentritt (links und rechts)

Die Trennung der Hände geschieht vor dem Tritt; führen Sie diese beiden Bewegungen niemals gleichzeitig aus, da sich sonst die Energie in zu viele Gliedmaßen zerstreuen würde. Auch sollten Sie bedenken, dass Zehentritte lediglich eine Erweiterung solcher Bewegungen darstellen, die in schmalem Zehenstand ausgeführt werden - beispielsweise *Der Kranich breitet seine Schwingen aus*. Ihr Stand sollte dabei ebenso stabil und sicher sein. Es geht in beiden Fällen darum, den unteren Teil des Beines sanft zu stimulieren und zu dehnen, wodurch der Energiefluss in Magen- und Milzmeridian gefördert wird, die dort entlanglaufen. Das wirkt sich positiv auf die Verdauung und den Flüssigkeitshaushalt des Körpers aus.

Drehung und Sohlentritt

Beim Tritt mit der Sohle oder Ferse zeigen die Zehen natürlicherweise nach oben. Das stimuliert im Bein ganz andere Meridiane als der Zehentritt. Während des Sohlentritts sind, wie beim schmalen Fersenstand, die Kniesehnen und die Achillessehne an der Beinrückseite in Bewegung. Diese Abläufe stimulieren den Nieren- und den Blasenmeridian, was sich auf die Fortpflanzungsorgane und die Harnwege, aber auch auf Skelett und Knochenmark positiv auswirkt.

Streichen übers Knie und stoßen

Alle dehnenden, rückwärts kreisenden Bewegungen helfen, den Brustbereich zu öffnen, wo viele Meridiane entweder beginnen oder enden. Ein weiterer wichtiger Effekt ist, dass die lebenswichtigen Lymphdrüsen in Brust, Hals und Achselhöhlen massiert werden. Die Lymphflüssigkeit reinigt den Körper von Giftstoffen und hilft bei der Abwehr von Krankheiten und Infektionen. Da unser Immunsystem heute zunehmend geschwächt wird, was zum großen Teil auf die Luftverschmutzung und die inzwischen in abnormem Maße die Erdoberfläche erreichende UV-Strahlung zurückzuführen ist, kann man Übungen dieser Art nicht genug empfehlen.

Streichen übers Knie und tiefer Schlag

Wie schon bei dem früher ausgeführten »Schlag« vollführt die Faust auch hier eine halbe Drehung. Der einzige Unterschied besteht darin, dass diesmal die Knöchelseite nach oben zeigt, während bei dem anderen Schlag die Handunterseite oben war. Diese Abweichung erklärt sich aus der unterschiedlichen Höhe des Schlages und sorgt für einen flüssigen Bewegungsablauf, der sich sehr wohltuend auf das Handgelenk und die anderen Gelenke des Armes auswirkt.

Vier Ecken

Die schöne Dame arbeitet am Webstuhl lautet ein anderer Name für diese elegante Bewegungsfolge, weil man glaubte, dass die Bewegungen der Hände der Arbeit einer Weberin nachempfunden sind. Ob das nun zutrifft oder nicht, spielt keine große Rolle. In jedem Fall weist dieser Name auf die weiche, zarte Natur der Bewegungen hin, mit denen die Hände zwischen Ausdehnung und Zusammenziehung hin- und herwechseln. Lassen Sie Ihre Hände Yin werden, wenn Sie sie umdrehen, und Yang, wenn Sie am Ende jeder Ecke

spiralförmig die Arme bewegen. Sie können auch an eine sich öffnende und schließende Blüte denken.
Hier sind ein paar »Regeln«, die Ihnen dabei helfen, sich die Sequenz einzuprägen:

1 Am Anfang jeder der vier Ecken, wenn Sie beginnen, sich zu drehen, formen Sie einfach mit der Hand, die sich gerade unten befindet, die Schale unter dem gegenüberliegenden Ellbogen. Erstaunlich viele Schüler machen sich unnötige Arbeit, indem sie die Stellung der Hände wechseln. Behalten Sie einfach die obere Hand oben und die untere Hand unten, senken Sie das Becken, formen Sie die Schale unter dem Ellbogen und beginnen Sie mit der Drehung.

2 Am Ende jeder Ecke ist auf der Körperseite mit dem führenden Bein der Arm oben.

3 Bei den Ecken Zwei, Drei und Vier wird eine Drehung auf der linken Ferse mit einer auf den rechten Zehen kombiniert, an die sich natürlich ein großer Schritt anschließt.

Vorwärtsschritt zu den Sieben Sternen

Die *Sieben Sterne*, von denen hier die Rede ist, formen das Sternbild »Ursa Major« - den Großen Wagen oder Großen Bären. Wenn Sie an einem Winterabend den Großen Wagen betrachten, sehen Sie, dass seine Deichsel nach unten zeigt. Die hier beschriebene Taiji-Bewegung besitzt dazu im Profil eine gewisse Ähnlichkeit - das Bein ist die Deichsel, während Arme und Hände den Wagenkasten bilden.

Rückwärtsschritt zum Reiten des Tigers

In diesem Stadium Ihres Taiji-Trainings sollten Sie in der Lage sein, Spannungen im Körper zu erkennen und zu lösen, wann immer sie auftreten. Beim Heben des rechten Arms und der Drehung des Handgelenks gilt es, diesbezüglich besonders aufmerksam zu sein. Auch sollte der Anteil des linken Armes an dieser Sequenz nicht vernachlässigt werden. Denken Sie an das Taiji T'u, bei dem inmitten des Yin stets auch das Samenkorn des Yang vorhanden ist. Stellen Sie sich vor, Ihre Hände seien zwei gute Freundinnen - die rechte Hand unternimmt eine lange Reise, um die linke Hand zu besuchen, und aus Höflichkeit kommt ihr die linke Hand ein kleines Stück entgegen, bis zum Gartentor, um sie dort willkommen zu heißen. Hier zeigen sich die natürlichen »Etiketten« der Taiji-Bewegungen, wonach, einem Echo gleich, ein Arm oder Bein immer mit einer kleinen Reaktion auf die Aktionen seines Gegenübers antwortet. Diese Etiketten helfen dabei, die Yin/Yang-Ausgewogenheit der Taiji-Form zu wahren.

Übrigens gilt der Tiger, der ja häufig in den Namen der Bewegungen auftaucht, zum Teil als ein Symbol für das Qi. Im Westen kennen wir das natürlich als »animalischen Magnetismus«. Eines der mit dieser Bewegung assoziierten Bilder zeigt einen schlafenden Tiger. Bei Ihrem Rückwärtsschritt stellen Sie den rechten Fuß auf den Rücken des Tigers und den linken Fuß, ganz sanft, auf seinen Nacken. Wacht er dann auf - was ein Tiger zweifellos tut, wenn sich ihm jemand auf den Rücken stellt -, sollten Sie durch Ihr häufiges Taiji-Training idealerweise über einen so exzellenten Gleichgewichtssinn verfügen, dass Sie auf ihm reiten können, ohne abgeworfen zu werden. Dies in der Praxis auszuprobieren ist allerdings nicht zu empfehlen.

Die Lotosblume

Wie bei der vorangegangenen Drehung auf einem Bein (Position 84–85) handelt es sich auch hier um eine Bewegung, die man besser nicht in der Nähe teuren Porzellans oder anderer kostbarer Antiquitäten übt. Und bitte keine unnötige Panik! Wenn manche Anfänger diese Bewegung zum ersten Mal sehen, glauben Sie fälschlicherweise, die gesamte 360°-Drehung müsse in einem Zug bewältigt werden. Doch wie Sie gesehen haben, trifft das nicht zu. Konzentrieren Sie sich zunächst auf die erste Hälfte der Drehung, bei der der linke Fuß sich in der Luft befindet. Benutzen Sie dann beide Füße, um den Kreis zu vollenden.

Bitte beachten: Während der gesamten Drehung sollen die Unterarme parallel zum Boden bleiben. Wenn Sie nicht so sehr mit den

Händen herumwedeln, wird die Bewegung sich viel besser anfühlen. Lassen Sie den Körper sinken, sinken, sinken - dann wird es Ihnen von Tag zu Tag besser gelingen, das Gleichgewicht zu halten.

Bogenförmiger Tritt

Diese Art der Bewegung, bei der die Arme und das Bein sich in unterschiedliche Richtungen bewegen, kann eine sehr positive Wirkung auf die Wirbelsäule ausüben. Sie hilft, Stauungen in den entlang der Wirbelsäule laufenden Meridianen aufzulösen. Falls Sie jedoch unter starken Rückenschmerzen leiden oder anfällig für Bandscheibenprobleme sind, sollten Sie bis zur Heilung Ihres Rückens bei dieser Bewegung sehr vorsichtig sein.
Bitte beachten: Diese Bewegung wird manchmal auch der Lotostritt genannt. Die Symbolik des Lotos hier und in der vorangegangenen Bewegung ist ziemlich unklar, aber mir wurde gesagt, sie beziehe sich auf eine an der Oberfläche eines Teiches schwimmende Lotosblume. Mit der Drehbewegung des linken Fußes (Position 114) holt man die Blume aus dem Teich, ohne dass dabei die Füße nass werden. Dieses Bild ist vielleicht gar nicht so abwegig, denn es veranlasst uns, den Fuß während der Drehung dicht über dem Boden zu halten. Eine andere Deutung bezieht sich auf die runden Blütenblätter des Lotos, die sich im Wind zu drehen scheinen. Dies soll uns zu einer halbkreisförmig gerundeten Bewegung des tretenden Beines inspirieren.

Den Bogen spannen und auf den Tiger schießen

Das Bild des Bogens ist hier sehr hilfreich und anschaulich. Wenn Sie sich vorstellen, einen biegsamen Bogen in den Händen zu halten, hilft Ihnen das, die Fäuste in richtige Beziehung zueinander zu bringen. Achten Sie während der gesamten Sequenz sorgfältig darauf, dass Ihre Hände theoretisch einen Bogen oder Stock halten müssen. Der Bogen kann ein wenig gespannt werden, aber er darf nie brechen. Zu Beginn wird der Bogen horizontal in beiden Händen gehalten (Position 119), dann wird er in eine senkrechte Stellung geschwenkt, wenn die beiden Hände sich voneinander entfernen (Position 120). Die Bewegungen der beiden Hohlfäuste sollte so aufeinander abgestimmt sein, dass Sie die ganze Zeit über einen Bogen halten könnten.

Damit kommen wir zum Ende des Unterrichts-Teils in diesem Buch. Auch wenn Sie nun die Bewegungen im Grundsatz kennengelernt haben, ist dies erst der Anfang Ihrer Taiji-Studien. In den folgenden Kapiteln werden Wege aufgezeigt, wie Sie Ihr Verständnis erweitern und zu einer deutlicheren Wahrnehmung des Qi gelangen können.

»Ausdauer ist eines der wesentlichen Erfordernisse
in der Praxis des Taijiquan.
Ohne sie lassen sich keine Resultate erzielen.«

YEARNING K. CHEN

7 Taiji und die Gesundheit

Im Gegensatz zur traditionellen asiatischen Medizin mit ihrem gut dokumentierten Netzwerk von therapeutischen Punkten und Energiebahnen sind die Taiji-Bewegungen häufig Gegenstand von Spekulationen bezüglich ihrer spezifischen gesundheitlichen Wirkungen gewesen. Alle, die sich mit dieser Thematik befassen, werden aber darin übereinstimmen, dass regelmäßiges Üben wirkungsvoll dazu beiträgt, körperliche Vitalität und Wohlbefinden zu fördern, zu erhalten und wiederherzustellen. Wie genau dies geschieht ist zum Teil noch unbekannt. In diesem Kapitel werde ich auf Zusammenhänge hinweisen, die ich aus verschiedenen Quellen zusammengetragen habe. Und ich werde meine eigenen, auf den Lehren der Traditionellen Chinesischen Medizin (TCM) basierenden Beobachtungen darlegen.

Blutkreislauf

Da viel Wert auf ruhiges, gleichmäßiges Atmen und Üben an der frischen Luft gelegt wird, stärkt Taiji zweifellos den Kreislauf. Durch den intensiven Einsatz der Beinmuskulatur wird der Rückfluss venösen Blutes zu Herz und Lunge stimuliert, während die Entspannung der Muskeln in den oberen Körperpartien eine gute Blutversorgung aller wichtigen inneren Organe, des Gehirns und der Gelenke fördert. Während des Übens der achtminütigen Form in einer eher tiefen Körperhaltung (etwas tiefer als auf den Illustrationen dieses Buches abgebildet) steigt die Pulsfrequenz allmählich auf eine den Anforderungen maßvollen modernen Fitness-Trainings entsprechende Rate. Das trägt zu einer Regulierung des Blutdrucks bei.
Es gibt in der Taiji-Form keine speziellen Bewegungen, die zu den

Blutgefäßen stärker als zu anderen Körperfunktionen in Bezug stehen, aber alle Fersenstände und -tritte stimulieren die Wadenmuskeln, was die Blutzirkulation fördert. *Der Kranich breitet seine Schwingen aus* kann ebenfalls hilfreich sein, da er den Herzmeridian in den Armen sanft dehnt und öffnet. Die ständige Bewegung der Fußknöchel während der gesamten Form stimuliert wichtige Punkte an den Milz-, Leber- und Nierenmeridianen, während die Bewegung der Handgelenke und Unterarme die Herz- und Perikardmeridiane stimuliert. All das trägt insgesamt zur Leistungsfähigkeit des Kreislaufs und der Stärkung der Blutgefäße bei. Nach den physiologischen Erkenntnissen der westlichen Medizin spielen zudem die Nieren eine wichtige Rolle bei der Aufrechterhaltung eines gesunden Blutdrucks. Man sieht also, dass Taiji in diesem Bereich gut abgestimmte positive Wirkungen entfaltet.

Atmung

Taiji wirkt sich außerordentlich positiv auf die Lunge aus. Die ständigen ausdehnenden und zusammenziehenden Bewegungen massieren und stimulieren die Lunge und helfen ihr, lebensspendenden Sauerstoff aufzunehmen und Ausscheidungsgase aus dem Blutkreislauf zu eliminieren. Cheng Man Ch'ing, der Schöpfer der kurzen Yang-Form, litt als junger Mann an Tuberkulose. Obwohl man ihm nur geringe Heilungschancen einräumte, gelang es ihm, mit Hilfe des Taiji seine Krankheit zu überwinden und bis ins Alter eine robuste Gesundheit zu bewahren.

Eine gute Versorgung mit Sauerstoff ist für das optimale Funktionieren der Organe und des Stoffwechsels unerlässlich. Zudem hilft sie uns, unser Gewicht zu halten bzw. Übergewicht abzubauen, da Sauerstoff für das Verbrennen von Kalorien benötigt wird. Wer abnehmen möchte, sollte also unbedingt auch etwas für seine Lunge tun!

Besonders wirkungsvoll für die Lunge sind alle Stoß- und Abwehrbewegungen, sowie das *Den Vogel beim Schwanz Fassen* und das *Drücken.*

Lymphe

Bei der Lymphe handelt es sich um eine oft vernachlässigte und unzureichend verstandene Substanz. Die meisten Leute sind mit dem Herzen und dem Blutkreislauf vertraut, aber die Existenz dieser inneren Reinigungsflüssigkeit, die uns hilft, Krankheiten abzuwehren und den Körper von Toxinen zu befreien, ist weit weniger bekannt. Von den Lymphknoten - Stellen im Körper, wo sich die Lymphflüssigkeit konzentriert - haben die meisten von uns schon im Zusammenhang mit Erkrankungen gehört, bei denen diese Knoten anschwellen. Doch sie sind auch sonst unablässig in Aktion, um uns gesund zu erhalten.

Während das Blut vom Herzen durch den Körper gepumpt wird, gibt es für die Lymphe keine solche Pumpe. Sie kann nur durch Körperbewegungen weitertransportiert werden. Die sanften, weitenden, ohne Anspannung ausgeführten Bewegungen des Taiji sind hierfür ideal. Darüberhinaus werden die größeren Lymphknoten, die sich alle in der Brust, am Hals, in den Achselhöhlen, den Lenden, Ellbogen und Knien befinden, durch viele der in der Yang-Form ausgeführten Bewegungen besonders angeregt. Das gilt für alle Bewegungen, die den Brustbereich öffnen, etwa *Den Affen abwehren* oder *Streichen übers Knie und stoßen*; oder für jene, die durch weite Drehbewegungen die Lendengegend lockern, etwa das *Diagonale Fliegen* oder die *Vier Ecken*; und schließlich für alle Fersentritte und schmalen Fersenstände, weil von ihnen die Rückseite des Knies stimuliert wird.

»Taijiquan steht in enger Beziehung zur Meditation.
Lange Meditationsübungen können die Blutzirkulation hemmen,
aber Taijiquan hilft, sie anzuregen und zu beleben.
Es verhilft außerdem zu geistigem Frieden
und zur Kräftigung der Atmung, wie sie von jenen angestrebt werden, die sich der meditativen Praxis widmen.«

YEARNING K. CHEN

Nerven, Empfindungen und Gedanken

Das autonome Nervensystem, jener Teil unserer Körper-Intelligenz, der unabhängig von unserem Bewusstsein funktioniert, wird im allgemeinen in zwei Bereiche unterteilt: das sympathische und das parasympathische System. Ersteres ist dafür zuständig, den Organismus auf körperliche Anstrengung vorzubereiten, indem es die Herztätigkeit steigert, die Verdauung hemmt und tausend andere unbewusst im Körper ablaufende Funktionen reguliert. Letzteres stellt den Körper auf Ruhe ein, sodass er sich von anstrengenden Aktivitäten erholen kann.

Der parasympatische Bereich profitiert enorm vom Taiji, weil es die Entspannung fördert und uns hilft, Stress, Unruhe und Schlaflosigkeit besser in den Griff zu bekommen. Doch durch Bewegungen wie *Der Kranich breitet seine Schwingen aus*, *Goldfasan* und *Den Affen abwehren*, die die Wirbelsäule stimulieren und biegsamer machen, wirkt Taiji positiv auf das gesamte zentrale Nervensystem ein. Die für Taiji charakteristische aufgerichtete Wirbelsäule lässt die Rückenmarksflüssigkeit freier fließen, was den Druck auf die Bandscheiben und die Rückenmarksnerven verringert.

Die Rückenmarksflüssigkeit selbst ist eine erstaunliche Substanz. Durch Forschungen auf dem neuen Gebiet der craniosacralen Osteopathie konnte im menschlichen Körper ein sehr subtiler Rhythmus nachgewiesen werden - der so genannte »craniale rhythmische Impuls«. Nicht nur die Rückenmarksflüssigkeit, sondern auch die Membranen, die alle Organe, Muskeln, Nerven und Blutgefäße des Körpers umhüllen, befinden sich ständig in einer gemeinsamen sanften, rhythmischen Bewegung. Der ganze Körper schwingt also in einem Grundrhythmus, der im Zentralnervensystem seinen Ursprung hat. Sogar an den Knochen des Schädels und des Kreuzbeins können die kundigen Finger eines erfahrenen Craniosacral-Therapeuten diese rhythmische Resonanz spüren.

Das Erstaunliche daran ist für uns Taiji-Praktizierende, dass dieser Rhythmus, im allgemeinen etwa zwölf bis vierzehn Impulse pro Minute, genau dem Bewegungsrhythmus der Taiji-Form entspricht: ein Zyklus von Yin und Yang alle vier bis fünf Sekunden. Taiji funktioniert daher offenbar auf einer Ebene, die sich in perfek-

tem Einklang mit den grundlegenden rhythmischen Impulsen unseres Körpers befindet. Daher vermag es in unserem gesamten Nervensystem Harmonie und Ruhe zu erzeugen.
Und was ist mit unseren eigentlichen Denkprozessen? Taiji entspannt ganz eindeutig den Geist, auch wenn Anfänger, die sich mit dem Erlernen der komplizierten Details der Form abmühen, dies anzweifeln mögen. Sobald Sie jedoch bei den Bewegungsabläufen zu etwas Gleichmut und Losgelöstheit gefunden haben, wird Ihr Geist in einen spürbar entspannteren Modus umschalten. Dieser Modus lässt sich durch Messung der Hirnstromfrequenzen nachweisen und wird als »Alpha-Zustand« bezeichnet, bei dem das Gehirn in einer Frequenz von zehn Hertz schwingt. Eine ähnliche Frequenz tritt auf, wenn wir einschlafen oder aufwachen. Auch durch Meditation oder Yoga kann man in diesen Zustand gelangen. Interessant ist, dass während solcher Entspannungszustände die Bildung von Verknüpfungen zwischen den Gehirnzellen messbar ansteigt, sodass unsere geistigen Fähigkeiten auf sehr grundlegende Weise verbessert werden.
Das Erlernen der Taiji-Form verbessert nicht nur unsere körperliche und geistige Koordination, sondern versorgt uns auch mit dem, was Wissenschaftler eine »Umweltbereicherung« nennen - mit anderen Worten: Taiji ist eine stimulierende, unsere Intelligenz fordernde Aktivität. Mit Hilfe von Experimenten konnte eindeutig nachgewiesen werden, dass die Bildung von Zellverbindungen im Gehirn durch solche Umweltbereicherungen gefördert wird. Unsere häufige Beschäftigung mit Problemlösungen bewirkt im Hirnstoffwechsel chemische Ausschüttungen, die die Neubildung von Zellverbindungen im Gehirn anregt. Vielleicht ist das der Grund, warum Menschen, die regelmäßig Taiji praktizieren, von gesteigerter geistiger Klarheit, besserem Urteilsvermögen und mehr Voraussicht im Alltag berichten.

Ernährung

Die vielen Drehungen aus der Körpermitte heraus, die Bewegungen der Taille, sind enorm hilfreich, um den Verdauungsapparat gesund zu erhalten. Diese Drehungen und das Senken des

Zwerchfells bei der Einatmung bewirken eine sanfte Massage von Darm, Leber und Nieren und eine gute Durchblutung aller Bauchorgane.
Die beruhigende Wirkung des Taiji hat einen günstigen Einfluss auf nervöse Störungen im Magen-Darm-Bereich, sowie auf Magen- und Zwölffingerdarmgeschwüre.
Die *Wolkenhände* sind bekannt für ihre wohltuende Wirkung auf den Magen. *Diagonales Fliegen* und *Gitarre spielen* gelten ebenfalls als hilfreich, während die Leber besonders von der *Einfachen Peitsche* und *Die Schlange kriecht herab* profitiert, weil sie dabei eine sanfte Druckmassage durch den Brustkorb erfährt. Alle Zehenstände und Zehentritte regen die Milz- und Magenmeridiane auf der Vorderseite von Unterschenkel und Fuß an, was die Verdauung verbessert und eine gute Assimilation von Flüssigkeiten im Körper fördert.
Natürlich hängt eine gute Verdauung zum großen Teil davon ab, wie Sie sich ernähren. Die Taiji-Philosophie rät uns, die Yin- und Yang-Aspekte des Essens zu berücksichtigen, damit unsere Ernährung sich mit unserer Umwelt und den Jahreszeiten im Einklang befindet. Demnach ist es beispielsweise nicht ratsam, im Winter (Yin-Jahreszeit) zu viele kalte und rohe Speisen zu verzehren, während umgekehrt im Sommer nicht zu viele Hitze erzeugende Nahrungsmittel (Yang) gegessen werden sollten. Das Frühstück wegzulassen ist gemäß den Grundsätzen der TCM besonders im Winter unklug, wenn der Magen dringend Wärmezufuhr benötigt. Auch von Radikaldiäten und längeren Fastenperioden ist abzuraten. Auch sollten natürlich industriell erzeugte Nahrungsmittel und das so genannte Fast Food gemieden werden, da sie ein geringes Qi-Niveau aufweisen, dafür aber reich an Zucker, Salz und künstlichen Aroma- und Farbstoffen sind, deren Verarbeitung und Ausscheidung den Körper viel Energie kostet.

*»Ist unser Körper gesund,
können wir den Stress des modernen Lebens mit
Leichtigkeit bewältigen und empfinden
ihn sogar als kreative Herausforderung.«*

Mantak Chia

Knochen

Voraussetzungen für eine kräftige, belastbare Skelett-Struktur sind eine gute Blutversorgung der Gelenke und ein gesundes Knochenmark, das zudem für die Produktion weißer Blutkörperchen mitverantwortlich ist, unseren Waffen gegen Viren und Bakterien. Geradezu legendär ist der günstige Einfluss, den Taiji über das TCM-Nierensystem auf das Knochenmark ausübt. Man glaubt, dass Qi irgendwie das Knochenmark durchdringt und so mit der Zeit in den Knochen eine enorme Spann- und Widerstandskraft aufbaut. Von Cheng Man Ch'ing wurde berichtet, dass seine Arme sich wie mit Baumwolle umwickelte Eisenstangen angefühlt hätten. Natürlich hatte er es im Taiji zu außergewöhnlicher Meisterschaft gebracht, aber sein Beispiel zeigt doch, welche Veränderungen letztlich erreichbar sind.
Jene unter uns, die viel mit den Fingern und Händen arbeiten müssen, werden das entspannte Drehen und Beugen der Hände beim Taiji zu schätzen wissen, da es den in den Händen leicht entstehenden Versteifungen und Blockaden entgegenwirkt. Das zeigt sich nicht nur bei bekannten Erkrankungen wie Arthritis und Rheuma, sondern auch bei modernen Beschwerden wie etwa dem Karpaltunnel-Syndrom, die durch ständige Computerarbeit entstehen können. Regelmäßiges Taiji-Üben gilt außerdem als gute Vorbeugung gegen Osteoporose und andere Alterskrankheiten.

Muskulatur

Von Taiji bekommen Sie keine dicken Muskeln, aber einen wunderbaren Muskeltonus. Um einen guten Muskeltonus zu schaffen, benötigt man Training und eine gute Blutversorgung, und Taiji verhilft uns zu beidem. Die Bänder und Sehnen, durch die Muskeln und Knochen miteinander verbunden sind, werden durch regelmäßiges Üben gekräftigt, besonders in den Beinen und im Bauchbereich. Unsere Beweglichkeit und die Fähigkeit, Belastungen standzuhalten und Verletzungen zu überstehen, werden dadurch erheblich gesteigert. Auch für diejenigen, die gerne besser aussehen möchten, gibt es gute Nachrichten: Da der *gluteus maximus*

und andere Muskeln unserer Kehrseite während des Übens ständig in Aktion sind, wird dieser Teil unseres Körpers allmählich straffer. Gleiches gilt, nach mehrmonatigem Üben, auch für Waden und Oberschenkel. Und die häufigen Drehbewegungen können uns helfen, um die Taille herum schlanker zu werden.
Die Symmetrie und gleichmäßige Gewichtsverteilung bei der Eröffnungssequenz der Yang-Form soll sich sehr günstig auf den gesamten Bewegungsapparat auswirken, weil das Körpergewebe dabei in Form gebracht und Fehlhaltungen ausgeglichen werden. Wer in dieser Hinsicht intensivere Wirkungen erzielen möchte, kann die Eröffnungssequenz mehrfach hintereinander in sehr langsamem Tempo wiederholen. Sie wird dann zu einer Art Qigong-Übung (siehe Kapitel 8), die uns hilft, Gleichgewicht und innere Ruhe zu kultivieren.

Drüsen

Die meisten, wenn nicht alle körperlichen Funktionen werden mit Hilfe chemischer und hormoneller Reize reguliert. Dafür sind die endokrinen Drüsen zuständig, von denen es in unserem Körper mehrere große gibt, die für uns unverzichtbar sind. Die Thymusdrüse in der Brust spielt für die Funktion des Immunsystems eine wichtige Rolle, während die Nebennieren Chemikalien produzieren, die für unser Durchhaltevermögen, die Vermeidung von Entzündungen und die Regulierung des Blutdrucks wichtig sind. Die Kombination von Taiji-Bewegungen und der Atmung, wobei besonders der Brustraum, der untere Rücken und der Unterbauch aktiviert werden, regt diese Drüsen an. Die durch die Entspannung der Schultern und des Nackens verbesserte Blutzufuhr zum Gehirn wirkt positiv auf Hypophyse und Zirbeldrüse ein, die für die Steuerung von Körperwachstum sowie Sexualität und Fortpflanzung zuständig sind.
Es ist bekannt, dass die Drüsen des Körpers - besonders der Thymus - bei glücklichen Menschen bestens in Form sind, während sie bei Depressiven nur schwach funktionieren. Vielleicht liegt daher der größte Beitrag des Taiji für ein gesundes Immunsystem darin, dass Menschen, die es regelmäßig praktizieren, innere Ruhe und eine positive Lebenseinstellung entwickeln.

Harnapparat und Geschlechtsorgane

Wie wir gesehen haben, stärkt Taiji das lebenswichtige Nieren-Qi des Körpers. Das verbessert die Funktion der Geschlechtsorgane und hilft, sexuelle Vitalität und Fruchtbarkeit zu erhalten. Die bessere Beweglichkeit und Durchblutung im Unterbauch wirkt sich selbstverständlich positiv auf den Harnapparat aus. Der bogenförmige Tritt und alle drehenden und öffnenden Bewegungen, beispielsweise die *Vier Ecken*, eignen sich hervorragend, um die innere Muskulatur des Harnapparates und der Geschlechtsorgane zu kräftigen und Stauungen zu beseitigen. Solche Stauungen und Energieblockaden sind häufig die Ursache für wiederkehrende Harnwegsinfektionen.

Sexualität

Wenn wir an den Gelben Kaiser und seine hundert Frauen denken, stellt sich die Frage: Macht Taiji sexy? Nun, wer fit und gesund ist, wird, aus naheliegenden Gründen, im Allgemeinen als attraktiver empfunden - also lautet die Antwort: Ja, es ist gut möglich, dass Taiji hier hilft. Hinzu kommt, dass Taiji und andere taoistische Praktiken beträchtliche Lebensenergien in uns freizusetzen vermögen, die dann in sexuelle Aktivität umgesetzt werden können, wenn es das ist, was Sie wollen - allerdings können Sie dadurch Ihr Qi schnell erschöpfen. Fortgeschrittene Taiji-Übende bedenken daher, dass in der taoistischen Lehre zur Mäßigung im sexuellen Bereich geraten wird. Das gilt besonders für Männer. Jede Ejakulation bringt einen Verlust an vitalem Nieren-Qi mit sich. Frauen fahren hier deutlich besser, da der weibliche Orgasmus in dieser Hinsicht nicht als schwächend angesehen wird. Dafür neigen Frauen allerdings dazu, ihr Qi bei Menstruation und Geburten zu verlieren.

Ich hoffe, dieses Kapitel konnte Ihnen einige Einblicke in die intime Verbindung zwischen Taiji und unseren Körperfunktionen vermitteln. Taiji unterscheidet sich von all jenen Fitness-Programmen, bei denen man Sie auffordert, sich verschwitzt und verbissen abzumühen und endlos durch die Gegend zu rennen. Hier geht es vielmehr darum, sich ganzheitlich mit allen Bereichen des eigenen Seins zu beschäftigen. Aus diesem Grund werden wir uns als nächstes einem besonders schwer fassbaren Bereich in uns zuwenden – dem Geistigen, Spirituellen.

»Durch Taijiquan verschmelzen die körperlichen, emotionalen, mentalen und spirituellen Energien wieder zu einer harmonischen Einheit.«

MICHAEL PAGE

8 Körper, Geist und Seele

Den richtigen Lehrer finden

Dieses Buch wird Sie, wie ich hoffe, dazu inspirieren, sich für einen Taiji-Kurs anzumelden oder Einzelunterricht zu nehmen. Wenn Sie bereits einen Abendkurs oder eine formelle Taiji-Schule besuchen, wird das, was Sie dort lernen, vermutlich der auf diesen Seiten illustrierten Form ähneln. Taiji im Yang-Stil erfreut sich gegenwärtig großer Beliebtheit. Aber natürlich gibt es Varianten, bei denen auf unterschiedliche Dinge Wert gelegt wird. Manche Taiji-Lehrer konzentrieren sich beispielsweise ganz auf den Kampfkunst-Aspekt, wobei dann Entspannung, innere Ruhe und Demut vernachlässigt werden, diese in der taoistischen Tradition so wichtigen Qualitäten. Andere richten Ihr Augenmerk ausschließlich auf die Schönheit und Anmut der Bewegungen und versäumen es darüber, wirkliche Energie und Kraft in ihren Schülern zu wecken. Das sind die beiden Extreme, aber glücklicherweise werden sie Ihnen nur selten begegnen.

Wie überall im Leben sollten Sie auch hier auf Ausgewogenheit achten. Und scheuen Sie sich nicht, einen etwaigen Lehrer um genaue Auskünfte über seine Art des Unterrichts zu bitten. Darauf haben Sie ein Recht, besonders wenn der Kurs gebührenpflichtig ist und Sie Ihr hart verdientes Geld dafür hinblättern müssen. Ein guter Taiji-Lehrer wird stets gerne auf Ihre Fragen antworten und nicht versuchen, Ihr Selbstwertgefühl zu untergraben und Sie einzuschüchtern. Ein guter Lehrer ist im allgemeinen tolerant und heiter. Wenn Sie auf jemanden treffen, der schlecht über die Arbeit anderer spricht, ist Vorsicht angebracht. Wer in seinem Leben wirklich das Tao gefunden hat, ist sich über den Reichtum und die Tiefe des Taiji im Klaren und wird niemals seine eigenen Vorlieben und individuellen Lehrmethoden zum alleinigen Maß erheben.

Und nun möchte ich Ihnen ein großes Geheimnis verraten. Viele Schüler laufen hierhin und dorthin, suchen nach der »magischen Berührung durch den Meister« und hoffen auf das eine Wort zur rechten Zeit, das ihr Leben für immer verwandelt. Mitunter verbringen sie Jahrzehnte mit der Suche nach dem goldenen Schlüssel, der ihnen auf ihrem Gebiet plötzlich die große Erleuchtung, den großen Durchbruch bescheren soll – sei es im Taiji oder sonst irgendwo. Aber immer wieder werden sie enttäuscht, und der Grund dafür ist sehr einfach. Sie haben das eine wirklich wichtige Prinzip übersehen, das die Voraussetzung für jede außerordentliche Leistung ist, ein Prinzip, für das es ein sehr einfaches Wort gibt: Übung.

Üben Sie – geben Sie nicht auf! Sicher werden Sie immer wieder einmal einen Lehrer benötigen, besonders in der Anfangszeit Ihrer Taiji-Praxis. Die meisten Schüler müssen erst ein paar Lehrer ausprobieren, bis sie den für sie richtigen finden. Aber solange Sie nicht gerade vorhaben, aus sich eine übermenschliche Kampfmaschine zu machen, sind die Grundtechniken des Taiji – allen gegenteiligen Behauptungen zum Trotz – unkompliziert und leicht erlernbar. Und von da an kommt es nur noch darauf an, dabeizubleiben und beharrlich mit dem täglichen Üben und Lernen fortzufahren. Das ist das große Geheimnis – Sie selbst haben es in der Hand, welchen Nutzen Ihnen Taiji bringt.

»Wer andere bezwingen will, braucht Gewalt;
wer sich selbst bezwingen will, braucht Stärke;
doch wahrhaft reich ist nur, wer sich selbst genügt.«

TAO TE CHING

Zwischen Himmel und Erde

Inzwischen wird die große Polarität von Yang und Yin Ihnen etwas vertrauter sein, weil Sie wissen, wie sie in Ihren Taiji-Bewegungen und Ihrer Atmung zum Ausdruck kommt. Aber Yang und Yin machen dort nicht halt, und die folgende Tabelle hilft Ihnen, dieses Konzept ein wenig zu erweitern. Die Wahrnehmung und Kontemplation dieser Kräfte im Taiji ist letztlich eine Würdigung der Natur insgesamt und der Stellung, die wir selbst in der Natur einnehmen (Abb. 10).

positiv	negativ
hell	dunkel
Tag	Nacht
Sommer	Winter
Frühling	Herbst
trocken	feucht
warm	kühl
Ausdehnung	Zusammenziehung
vorwärts	rückwärts
aktiv	meditativ
Geist	Materie
fest	nachgiebig
analytisch	intuitiv
feurig	wässrig
Oberfläche	Tiefe
bewusst	unbewusst
extrovertiert	introvertiert
freimütig	zurückhaltend
von oben	von unten
Verteilung	Erneuerung

Abb. 10 *Die Eigenschaften von Yang und Yin*

Hilfreich und interessant an solchen Gegenüberstellungen ist, dass aus ihnen die Relativität all dieser Eigenschaften ersichtlich wird. Im Vergleich zu einem Glühwürmchen ist eine Kerzenflamme Yang, doch verglichen mit der strahlenden Helligkeit der Sonne ist sie Yin. Und vielleicht wird diese subtile Relativität nirgendwo meisterlicher und einsichtsvoller zum Ausdruck gebracht als in der taoistischen Kunst. In ihr ist die relative Stärke und Verflochtenheit von Yang und Yin allgegenwärtig - beispielsweise in den leeren Flächen, die in Zeichnungen und Gemälden überall zwischen den greifbareren Formen des Bildes auftauchen. In der für ihre Kürze bekannten taoistischen Lyrik kommt es oft weniger auf die Worte selbst an, sondern es ist vor allem das *Ungesagte*, das die Bedeutung der Verse ausmacht.

Auch in Ihrer eigenen Taiji-Arbeit kann dieses Konzept eine reiche Quelle für Einfallsreichtum und Spontaneität sein. Versuchen Sie, hin und wieder die Form mit sehr viel Yin zu üben, dann zur Abwechslung einmal rasch und kraftvoll, also mit mehr Yang. Oder sinnen Sie über das in der Yin-Form enthaltene kleine Samenkorn des Yang nach. Auch der Atem kann auf diese Weise erkundet werden. Wenn Sie die Taiji-Form in der gewohnten Weise üben, ist die Einatmung eher Yin. Sie ist dagegen Yang, wenn Sie sich passiver Meditation widmen oder einer reinen Versenkung in den inneren Energiefluss.

»Wenn der Atem wandert, ist der Geist unstet.
Wird aber der Atem ruhig,
so kommt auch der Geist zur Ruhe.«

PRADIPIKA

Qigong

Dem Taiji eng verwandt, jedoch viele Jahrhunderte älter ist das in China weitverbreitete Qigong, bei dem der Qi-Fluss durch Atmung und Konzentration kultiviert wird. Dieses Gebiet ist erstaunlich komplex. Wenn es zutrifft, dass es in der Welt des Taiji Dutzende von unterschiedlichen Stilen und Varianten gibt, so finden sich beim Qigong Hunderte!
Qigong wird zumeist, jedoch nicht immer, im Stehen geübt, und die Körperbewegungen sind dabei auf ein Minimum reduziert. Eine der Grundhaltungen des Qigong, die für Taiji-Anfänger besonders geeignet ist, sehen Sie in Abbildung 11. Die Füße stehen parallel, etwas mehr als schulterbreit auseinander, die Arme sind vor die Brust gehoben, als würden sie einen dicken Baum umarmen. Die gerade aufgerichtete Wirbelsäule, das sanft eingezogene Kreuzbein, die gerundete Armhaltung sind Ihnen bereits vertraut. Denken Sie sich Qigong als ein Taiji ohne Bewegung. Probieren Sie es für ein paar Minuten aus, vielleicht am Anfang oder am Ende Ihrer Taiji-Form. Die Knie sind leicht gespreizt, mit einer nach außen wirkenden »spiralförmigen Kraft«, als säßen Sie auf einen Pferd. Lassen Sie das Becken sinken und denken Sie an Ihre Verwurze-

lung, während der Körper gleichzeitig von oben von einem goldenen Faden gehalten wird - aufgerichtet zwischen Himmel und Erde, zwischen Yang und Yin, Geist und Materie, im Zentrum seines eigenen Universums.
Atmen Sie tief hinunter in den Unterbauch und werden Sie sich Ihres Dantian bewusst. Denken Sie beim Einatmen an Yang-Energie und Licht. Stellen Sie sich vor, dass in Ihrem Dantian ein winziges goldenes Feuer glimmt. Mit jedem Einatmen fachen Sie es an, sodass sein Glühen immer heller wird. Wenn Sie dann ausatmen, lassen Sie es seine Energie durch Ihren ganzen Körper verströmen. Atmen Sie dabei tief, lang und gleichmäßig, bis der Atem und die Bewegung der Energie im Dantian schließlich Ihr ganzes Bewusstsein ausfüllen.
Konzentrieren Sie sich nun darauf, die Energie in Ihrer Wirbelsäule zu spüren. Von dort steigt sie zu Ihren Schultern hinauf, fließt dann durch Ihre Arme. Lassen Sie sie weiter hinunter in Ihre Beine strömen, wo sie sich mit dem Erd-Qi unter Ihren Füßen trifft, an einer Stelle unter den Fußsohlen, die - sehr treffend - »Sprudelnde Quelle« genannt wird. Lassen Sie sie danach ganz hinauf bis zu Ihrem Schädeldach steigen und schließlich über Stirn, Kehle, Brust und Bauch wieder zurück zum Dantian fließen - ein Energiekreislauf, der allen Organen Ihres Körpers lebensspendendes Qi zuführt, in endlosen Zyklen von Erzeugung (Yang) und Speicherung (Yin).
Wenn Sie dabei die Zungenspitze oberhalb der Schneidezähne leicht an den Gaumen legen - so als wollten Sie ein »L« aussprechen - erleichtert das den Qi-Fluss sehr. Dieses Schließen des »Stromkreises« ist zudem eine gute Vorsichtsmaßnahme. Qi steigt von Natur aus gerne nach oben, und wenn es sich im Kopf staut, können Beschwerden wie zu hoher Blutdruck und Kopfschmerzen die Folge sein. Daher ist diese Methode, die Energie in einer Kreisbewegung wieder nach unten zu leiten, besonders nützlich.
Die Qigong-Haltung sollte für längere Zeit eingenommen werden, zu Beginn mindestens zwei Minuten lang. Später können Sie diesen Zeitraum dann nach Belieben ausdehnen. Mit einiger Übung sind bis zu 15 Minuten möglich. Eine Variation dieser Haltung besteht darin, einfach die Arme auf die Höhe des Solarplexus abzusenken - eine willkommene Abwechslung, wenn die Arme nach einiger Zeit müde werden.

Abb. 11 *Qigong-Haltung*

Die fünf Elemente: Verbindungswege zwischen Körper und Geist

Bei einem Überblick über die Taiji-Philosophie dürfen die fünf Elemente nicht unerwähnt bleiben. Die Elementelehre ist als solche natürlich keine chinesische Besonderheit. Jede große Kultur hat die Kräfte der Natur in vier oder fünf universale Kategorien eingeteilt. Die Griechen, die Indianer, die brillanten Künstler und Humanisten der europäischen Renaissance, sie alle besaßen ihre eigene Klassifizierung der Elementarkräfte. Für die Taoisten gibt es fünf Elemente: Feuer, Erde, Metall, Wasser und Holz.

Im streng wissenschaftlichen Sinne wird der Begriff »Element« heute für bestimmte Atomanordnungen benutzt. Dies kann dazu führen, dass orthodox wissenschaftsgläubige Menschen ein wenig die Nase rümpfen, wenn hier auf eine aus ihrer Sicht primitive Weise versucht wird, die Bestandteile der Materie zu klassifizieren.

Doch nichts könnte weiter von der Wahrheit entfernt sein. Die klassische Elementelehre des Altertums ging über eine bloße Beschäftigung mit der Materie weit hinaus. Es geht dabei vielmehr darum, die Aspekte unserer gesamten Umwelt zu begreifen und ganzheitlich zu erfassen – Erde, Himmel, Wasser, Geist, Feuer und Energie, Leben und Tod, große und mächtige Kräfte, mit denen die Menschen jener Zeit sich geistig und physisch verbunden fühlten. Und wir Taiji-Übende sollten vielleicht ebenfalls eine solche Verbundenheit anstreben.

Konsequenterweise, und außerdem wegen ihrer angenehm abstrakten Qualität, ließ sich die Elementelehre sehr gut im medizinischen Bereich anwenden. Sie war – und ist – für alle, die asiatische Medizin praktizieren, von unschätzbarem Wert, indem sie als Wegweiser durch die sonst undurchschaubare Komplexität des menschlichen Körpers und seiner Umwelt dient. Feuer, Erde, Metall, Wasser und Holz finden sich in einem energetischen Sinne in den Organen und Funktionen des menschlichen Körpers. Überdies besitzt jedes Element einen Yang- und einen Yin- Aspekt, und es gibt Feuerorgane, etwa das Herz, und Wasser-Organe, beispielsweise die Nieren. Darüber gibt uns die folgende kleine Rundreise durch die Elemente Aufschluss:

Holz	Feuer	Erde	Metall	Wasser
Frühling	Sommer	Spätsommer	Herbst	Winter
Keimung	Wachstum	Reife	Ernte	Lagerung
Osten	Süden	Mitte	Westen	Norden
Wind	Hitze	Feuchtigkeit	Trockenheit	Kälte
Grün	Rot	Gelb	Weiß	Schwarz/Blau
Leber	Herz	Milz	Lunge	Nieren
Augen	Zunge	Mund	Nase	Ohren
Zorn	Freude	Nachdenken	Trauer	Angst
Rufen	Lachen	Singen	Weinen	Stöhnen
Wald	Heide	Felder	Wolken	Flüsse/Meer
Leben	Sonnenschein	Boden	Mineralien	Regen
Kreativität	Inspiration	Vernunft	Melancholie	Kontemplation

Abb. 12 *Eigenschaften der fünf Elemente*

Wenn die Elemente gut zusammenarbeiten, sind wir gesund; Körper und Geist agieren dann als sinnvolles und dynamisches Ganzes. Falls nun ein Element oder Organ schwach oder überaktiv wird, versuchen die anderen, dies zu kompensieren. Für eine gewisse Zeit funktioniert eine solche Kompensation, doch wenn das Ungleichgewicht länger anhält, ist Krankheit die Folge.

Für in westlicher Physiologie geschulte Leserinnen und Leser ist gewiss der Hinweis hilfreich, dass in der asiatischen Medizin die Organe eher anhand der Wirkungen beschrieben werden, die sie im gesamten Körper ausüben, und nicht nur bezogen auf ihre physische Struktur oder anatomische Lage. Jedes Organ bezieht darüber hinaus Energie von benachbarten Elementen oder Organen und gibt seinerseits Energie an diese ab, sodass sie alle in endlosen Zyklen von Schöpfung und Auflösung aufeinander einwirken. Diese Zyklen des Austausches lassen sich veranschaulichen, indem man die Elemente zu einem fünfzackigen Stern anordnet, der von einem Kreis umgeben ist. Der gebende oder schöpferische Zyklus wird durch den äußeren Kreis dargestellt, während die Pfeile innerhalb des Sterns den kontrollierenden oder auflösenden Zyklus darstellen (Abb. 13).

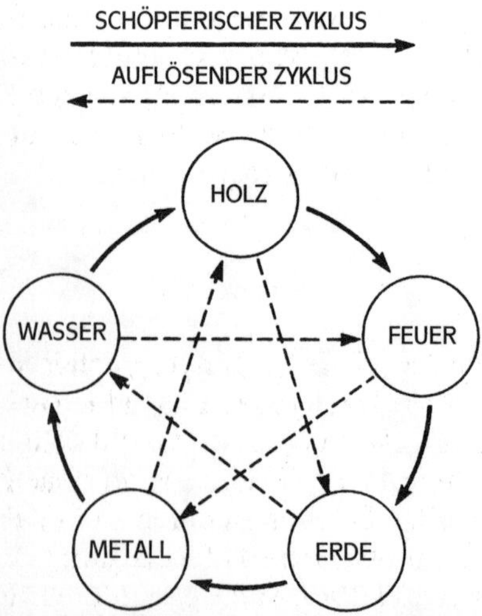

Abb. 13
Die schöpferischen und auflösenden Zyklen und der Stern der fünf Elemente

Man kann sich leicht vorstellen, wie die Taoisten diese Zyklen in der sie umgebenden Natur beobachteten. Bedenken Sie einmal in Ruhe, wie diese Zyklen überall in der Welt wirken. Denken Sie an die Jahreszeiten; denken Sie an die Zyklen in der Natur und im Leben der Menschen - das ist in sich schon eine wunderbare Meditation. Versuchen Sie auch, sich einmal gezielt mit einem bestimmten Element zu beschäftigen - sagen wir, eines pro Woche. Räumen Sie diesem Element während dieser Zeit einen besonderen Platz in Ihrem Leben ein. Sammeln Sie in der freien Natur Dinge, die sie als Beispiele heranziehen können - Steine, Muscheln, Vogelfedern, und so weiter. Gehen Sie an einem See oder Fluss spazieren; wandern Sie durch einen Wald; betrachten Sie das Feuer in all seinen Manifestationen; arbeiten Sie im Garten.

Taiji und die damit in Zusammenhang stehenden Lehren stellen also nicht nur ein hervorragendes Hilfsmittel zur Gesunderhaltung unseres Körpers dar, sondern versetzen uns darüber hinaus in die Lage, Veränderungen auf einer weitaus machtvolleren energetischen Ebene herbeizuführen. In der asiatischen Medizin ist die Auffassung weit verbreitet, dass Gleichgewicht im Körper zu emotionaler Ausgewogenheit und letztlich auch zu Harmonie im geistigen, spirituellen Bereich führt. »Geist« und »Spiritualität« sind Begriffe, die in unserer modernen Kultur seltsam klingen. Viele Menschen weigern sich, ihre Existenz anzuerkennen, und fragen, welchen Wert es haben soll, nach etwas so Vagem und vermutlich Illusorischem zu streben. Die einzige Antwort auf solchen Zynismus besteht darin, mit dem Taiji weiterzumachen - zu üben, zu lernen; dann wird sich die Antwort eines Tages finden.

Taoismus

Die chinesische Philosophie des Taoismus (ausgesprochen wird es übrigens »Daoismus«) ist etwas, das mit Herz und Sinnen erfahren werden muss, während es sich dem Verstand eher entzieht. Seine Weigerung, sich festlegen und einordnen zu lassen, macht den Taoismus vermutlich unter allen Glaubenssystemen und kulturellen Praktiken auf der Welt zu etwas absolut Einzigartigem. Der wichtigste Text des Taoismus, das *Tao Te Ching*, wurde vermutlich irgendwann im sechsten vorchristlichen Jahrhundert verfasst. Bereits damals galt der Taoismus als alt und verehrungswürdig, und schon die ersten Zeilen des *Tao Te Ching* weisen auf die nur schwer fassbare Natur dieser Philosophie hin:

Das Tao, das sich aussprechen lässt, ist nicht das ewige Tao.
Der Name, der sich nennen lässt, ist nicht der ewige Name.
Das Unaussprechliche ist der Anfang von Himmel und Erde.

Das, wovon der Autor, Lao Tsu, hier spricht, ist die Quelle aller Existenz. In der großen Ordnung der Dinge, die wie die fünf Elemente überall in der Natur sichtbar ist, geht das Tao dem Taiji voraus (Abb. 14).

Das große Tao übersteigt ganz offensichtlich alle unsere Erfahrungen und entzieht sich somit jeder Beschreibung. Jedes lebende Wesen besitzt jedoch sein individuelles tao – klein geschrieben –, seinen ganz eigenen Lebenssinn. Die zentrale Idee des Taoismus besagt, dass wir als Individuen unser persönliches tao entdecken müssen. Dann wird es sich untrennbar mit dem größeren, universalen Tao vereinigen. Den eigenen »Weg« erkennen wir, indem wir herausfinden, worauf es uns im Leben wirklich ankommt. Diese Erkenntnis kann erfrischend und erheiternd sein, aber auch schmerzlich.

Unabhängig von seinem möglichen Ziel beginnt der Weg stets damit, dass wir Yang und Yin integrieren, uns des Taijis in unserem Leben bewusst werden. Danach braucht man nur noch abzuwarten, wie das Tao sich durch uns ausdrücken wird. Hier können die von den Taoisten hoch ge-

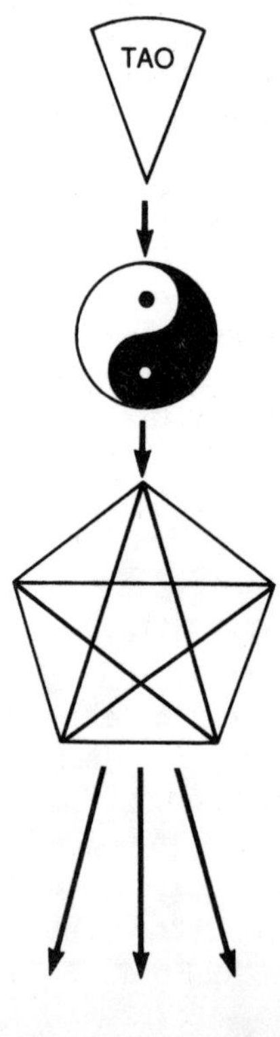

Abb. 14 *Der Baum der Schöpfung*

schätzten Qualitäten der Spontanität, der Gewaltlosigkeit, der Demut und Losgelöstheit uns helfen. Sie erleichtern es uns, das Ego und das endlose Streben nach Macht und Ansehen zu überwinden, das in unserer Kultur einen so hohen Stellenwert genießt, ohne uns je wirklich zu befriedigen. Mit Hilfe dieser taoistischen Qualitäten gelangen wir nach und nach in einen friedvollen, harmonischen Zustand. Und in diesem Zustand sind wir in der Lage, das vereinigende Prinzip des Tao in der uns umgebenden Welt ebenso zu finden wie in unserem eigenen Herzen.

In diesem Sinne kommt es nicht so sehr auf das Ziel an, sondern auf die Reise selbst. Daher können Sie Ihre Taiji-Praxis als symbolische Suche nach dem Tao ansehen. So wird sie zum Synonym für die archetypische, ewige Suche, wie sie oft in großen Dichtungen und Legenden beschrieben wurde. Es handelt sich um die Suche nach dem Gral, die Heldenreise, das Ringen um Erkenntnis. In diesem Licht betrachtet, wird sogar der kriegerische Aspekt des Taiji zum Symbol für etwas Größeres. So sind im Tao alle Dinge versöhnt und vereint.

Sie sind nun am Ende dieses Buches angelangt. Natürlich konnte es Ihnen keine umfassende Darstellung des Themas vermitteln, denn dafür würden selbst tausend Bücher nicht ausreichen. Es ist ein Wegweiser, mehr nicht, und die eigentliche Reise liegt noch vor Ihnen. Ich kann Ihnen nicht sagen, wohin sie führt, denn es ist *Ihre* Reise, nicht meine oder die irgendeiner anderen Person. Es ist Ihr tao, Ihres allein.

Ein altes chinesisches Sprichwort lautet: »Wenn du es nicht in dir selbst finden kannst, wo sonst willst du danach suchen?« Glauben Sie daher an Ihre eigenen Kräfte. Und möge das Glück ihr ständiger Begleiter sein.

»So wie der Pfad des Adlers in der Luft
und der Pfad der Schlange
ist auch der Pfad des Weisen unsichtbar.«

BUDDHA

Überblicks-Illustration der vollständigen Form

In der Überblicks-Illustration auf den folgenden Seiten sehen Sie noch einmal die gesamte Form, erster und zweiter Teil, einschließlich aller Wiederholungen. Betrachten Sie die Bilder in der ersten Reihe von links nach rechts über die Doppelseite hinweg, und gehen Sie dann nach unten weiter zur nächsten Reihe.

Weiterführende Literatur

ANDERS, FRIEDER: Taichi. Chinas lebendige Weisheit. Grundlagen der fernöstlichen Bewegungskunst. Hugendubel, München [6]1996.

HACKL, MONICA: Hui Chun Gong. Die Verjüngungsübungen der chinesischen Kaiser. Heyne, München 2000

LAOTSE: *Tao te king*. Bastei Lübbe, München 1999.

PARRY, ROBERT: Tai Chi. Eine praktische Einführung. Urania, Neuhausen 1997.

Kontaktadresse

Wünschen Sie nähere Informationen zu Seminaren und Kursen zu Taiji, so können Sie sich an den Autor wenden:

Robert Parry
PO Box 110
Faversham
Kent ME13 9QA
UK

Register